JN430043

김병완의 마흔 혁명 시리즈 5부작 중 제5권

제목: 마흔, 인생 후반전의 기술

부제: 마지막 50년을 새롭게 디자인하는 법

" 이 책은 10년 전 출간되어 종합 베스트셀러에도 오른 책의 개정 증보판으로, 독자들이 읽기 쉽고, 휴대에 편하게 하도록, 5부작으로 나누어 5권의 얇은 책 개념으로 시리즈로 출간하여, 부담 없이 독서를 즐기도록 특별 기획한 시리즈임을 알려 드립니다. "

‘ 위대함의 본질은 다른 사람들이 이성을 잃고 날뛰는 상황 속에서도 차곡차곡 자기실현을 구할 수 있는 능력이다.’　－
웨인 다이어 －

프롤로그_ 40대는 인생을 결정짓는 가장 중요한 시기이다.

" 자꾸만 내가 흔들리는 이유는 오직 하나, 내 인생이 남의 지
문으로 가득하다는 거. 버리자, 더 이상 버릴 게 없는 내 것으로
부터 인생을 다시 시작하자. "

_ 알렌 코헨, [내 것이 아니면 모두 버려라] 중에서 _

우리의 40대는 새로운 인생의 최대 기회이자 위기이다.

우리의 삶은 황량한 겨울 들판일 수도 있고, 이름 모를 꽃들로
뒤덮인 봄의 동산일 수도 있다. 때로는 외롭고 눈물겨운 때도
있고, 마음이 산산이 부서져 내리는 때도 있고, 뛸 듯이 기쁘게
희망에 벅찰 때도 있다.

기쁨과 즐거움, 슬픔과 좌절이 우리의 삶을 씨줄과 날줄로 교
차해 나간다 해도 우리는 인생의 절정기인 40대에 반드시 해야
할 일들이 있다는 것을 알게 되었다.

나의 40대는 오랫동안 잠자고 있던 열정이 깨어나는 시기였
다. 40대가 되기 전에는 무엇을 해도 실패투성이였다. 아무 쓸
모 없는, 아무 가치도 없는, 아무 의미도 없는 무조건 앞만 보고

달리고, 누군가가 시키는 삶을 살았고, 누군가가 원하는 삶을 살았다.

한 마디로 나의 20대와 30대의 삶은 가짜였다. 그런 삶에는 나 자신이 존재할 공간이 없었다는 사실을 뒤늦게 발견했다. 40대의 삶은 진짜 내 인생이고, 진짜 삶이었다. 인생의 풍파를 다 겪어 낸 후 알게 된 진짜 인생을 시작하는 첫 순간은 바로 40대이다. 적어도 나는 그랬다.

이것이 진짜 인생이다. 바로 40을 넘긴 내가 얻어 낸 교훈이며 진실한 내 마음이다. 이것을 얻기 위해 그렇게도 열심히 앞만 보고 달려왔고, 질주를 해 왔다. 이제는 진짜 인생을 살고 싶다. 그렇게 하기 위해 이 책을 썼고, 동시에 그렇게 살고 있기 때문에 이 책을 쓸 수 있었다.

인생 후반을 가슴 뛰는 삶으로 살고 싶다면 40대의 나이에 우리가 반드시 해야 할 일이 있다. 이 세상에는 공짜 점심이란 것이 없다. 심은 만큼 거두고, 뿌린 만큼 열매를 보게 된다. 그러므로 인생 후반을 가슴 뛰게 할 만큼 멋지고 눈부시게 살고 싶다면 그 만큼 멋지고 놀라운 일, 즉 세상을 놀라게 할 만한 일을 시작해야 한다.

40대를 어떻게 보내느냐에 따라서 인생 후반의 삶의 질과 수준이 결정된다고 할 수 있다. 40대에 위대한 일을 시작한 이들을 우리는 알고 있다. 그들이 인생의 후반을 가슴 뛰게 하는 그런 멋진 삶을 살아갈 수 있었던 것은 그들이 그들의 나이 40대에 세상을 놀라게 할 일을 시작할 수 있었기 때문이다.

빅토르 위고가 [레 미제라블]의 집필을 시작한 나이는 44세 때이다. 르네상스의 3대 거장 중 한 명인 레오나르도 다 빈치가 세계 미술사에서 가장 뛰어난 그림 가운데 하나로 손꼽히는 <최후의 만찬>을 그리기 시작한 시기는 그의 나이 43세 때였다. 중국 최고의 통사인 [사기]를 사마천이 저술에 착수한 시기가 그의 나이 43세 때였고, 증권 거래소 직원이었던 빈센트 반 고흐가 화가의 길로 들어선 것도 바로 그의 나이 43세 때의 일이었다. 신문 기자 출신인 이안 플레밍이 첩보영화의 기념비적인 영화라고 할 수 있고 전 세계인들이 가장 사랑한 스파이 영화인 [007 시리즈]를 쓰기 시작한 시기는 그의 나이 41세 때였다. 평범한 가정주부였던 박완서 작가가 평생 처음으로 전문적으로 글을 쓰기 시작하여 등단했을 때 그의 나이는 정확히 40이었다.

우리들도 이들처럼 40대의 나이에 세상을 놀라게 할 수 있는 일을 시작할 수 있다. 위대한 위인들은 모두 그렇게 시작했다.

그런 점에서 인생에서 가장 중요한 시기를 꼽으라면 필자는 40대라고 말하고 싶다. 30대까지는 인생이 무엇인지 잘 보이지 않는 시기이다. 하지만 40대는 인생이 무엇인지 조금 보이기 시작하는 시기이고, 바로 그때 사람들은 자신이 진정 무엇을 하고 싶어 하는지? 그리고 자신이 진정 이 세상에서 원하는 것이 무엇인지를 정확하게 발견하게 되고 알게 되는 시기이기 때문이다. 그리고 그때 정말 자신이 하고 싶은 일을 용기를 내어 과감하게 시작하는 이들은 위대한 인생을 경험할 수 있게 되는 것이다.

과거 30년 전만 해도 좋은 대학교를 나와서 좋은 직장이나 직업을 가지게 되면 나머지 인생 동안 큰 문제 없이 살아갈 수 있는 그런 평균 수명이 40에서 50에 불과한 시대에 우리의 인생 선배들이 살았다. 그래서 그 당시에 인생의 절정기는 20대와 30대였다. 20대와 30대 무엇을 하느냐에 따라 나머지 20년인 인생 후반기가 결정되기 때문이다. 하지만 이제는 인간의 평균 수명이 놀랍게 늘어났다. 그래서 80에서 100세 사이를 오가고 있다. 그래서 나이 40세 이전의 삶은 리허설과 같은 삶이 되어 버렸다.

 40대 때 새로운 인생을 도전하여 멋지게 인생의 후반기를 살아 내는 사람들이 차츰 많아지기 시작했다. 40대 이후의 40년은 이제 선물로 우리에게 주어졌지만, 그 선물을 어떻게 잘 만들어 나가느냐는 40대의 나이에 무엇을 어떻게 준비하고 어떻게 살아 나가느냐에 달려 있다고 말할 수 있다. 그러므로 이제는 인생의 절정기는 40대이다.

 인생에서 가장 중요한 시기는 20대가 아니고, 30대도 아니고, 이제는 40대이다. 40대 때 반드시 해야 할 50가지를 통해 인생 후반기를 잘 준비해 보자.

 이 책은 20대를 넘어 30대까지 아무 쓸모 없이 앞만 보고 달린 사람들을 위한 책이다. 40대야 말로 가장 찬란하고 가장 눈부신 인생을 살아갈 수 있게 해 주는 위대한 인생의 가장 빛나는 순간이다. 그 40대에 반드시 해야 할 일들이 있음을 느끼고 이제 내가 가야 할 길을 가고 싶다.

 필자가 '반드시 해야 할 50가지'를 정했듯이 독자들 스스로가 이 책을 다 읽었거나 중간쯤 읽었을 때 스스로 정할 수 있게 될 것이다. 그것이 이 책의 목적이다. 40대들이 스스로 자신이 반드시 해야 할 50가지를 정하도록 하는 것, 바로 그것이다.

" 모든 것의 시작은 위험하다. 그러나 무엇을 막론하고, 시작하지 않으면 아무것도 시작되지 않는다."

프리드리히 니체의 말처럼 위험하지만, 아무것도 시작하지 못하는 40대보다는 무엇을 막론하고 시작하는 40대가 내 눈에는 위대해 보인다.

" 인생의 성공과 실패는 40대에 결정된다."

인생은 40대부터가 진짜 인생이다. 40대에 접어들면서 수많은 도전을 할 수 있다. 40대에 접어들면서 우리는 새로운 인생 후반기를 힘차게 시작할 수 있다. 40대는 제2의 청춘이며, 새로운 삶의 첫 번째 청춘이다.

20대와 30대는 내 마음대로 선택하고 실천할 수 없었다. 40대야말로 내 마음대로 선택하고 실천할 수 있는 최고의 시기이다. 또한 40대는 마지막 남은 가장 젊은 도전과 모험의 시기이다. 40대야말로 인생이 무엇인지 조금 보이기 시작하는 매우 중요한 시기이다.

40대야말로 내 자신이 가장 잘 하는 것이 무엇인지 알 수 있는 시기이다. 우리의 20대와 30대가 실패로 얼룩져 있든, 찬란한 성공으로 눈부시든 그것은 하나도 중요하지 않다. 가장 중요한 것은 40대의 눈부신 성공과 가치 있는 실패이다.

40대는 제대로 살아갈 수 있는 최고의 신체적 사회적 정신적 조건을 갖춘 가장 젊은 시기이다. 40대에게는 인생의 쓴맛, 단맛, 뜨거운 맛, 더러운 맛, 차가운 맛을 모두 겪고서 살아남은 내공이 있다.

그렇기 때문에 40대는 무엇이든 즐길 수 있는 자격이 있다. 그렇기 때문에 40대는 무엇이든 도전할 수 있는 정신이 있다. 그렇기 때문에 40대는 가장 찬란한 인생의 절정기인 것이다. 그렇기 때문에 40대는 허투루 보낼 수는 없는 최고로 소중한 시기인 것이다.

지금까지는 타인의 생각과 시선에 좌우된 남의 인생을 살았다면, 40대는 다른 사람이 아닌 오직 자기 자신의 인생을 주도적으로 살아 갈 수 있는 시기이다. 40대, 인생의 진짜 승부는 지금부터다!

인생의 클라이맥스는 40대이다. 40대여! 도전하고 혁신하고
즐기고 누려라. 날마다 가슴 뛰는 삶을 향해 날아올라라. 40대
인 그대는 해 낼 수 있다.

프롤로그_ 40대는 인생을 결정짓는 가장 중요한 시기이다.

제9장. 자기 경영의 대가가 되어 보자.

가슴 뛰는 인생 후반전을 위해 41.

자기 경영의 대가가 되어 보자.

가슴 뛰는 인생 후반전을 위해 42.

하루에 열다섯 번씩 꿈을 종이에 기록해 보자.

가슴 뛰는 인생 후반전을 위해 43.

세상을 놀라게 할 일을 시작해 보자.

가슴 뛰는 인생 후반전을 위해 44.

기적 같은 삶의 주인공이 되어 보자.

가슴 뛰는 인생 후반전을 위해 45.

남과 다른 자신만의 길을 개척해 보자.

제10장. 이제 40이다. 기죽지 말고 어깨를 쫙 펴자

가슴 뛰는 인생 후반전을 위해 46.

자신을 대변할 수 있는 키워드를 하나 만들어 보자.

가슴 뛰는 인생 후반전을 위해 47.

자신의 임계점을 훌쩍 뛰어넘어 보자.

가슴 뛰는 인생 후반전을 위해 48.

담대하고 위험하고 파격적인 꿈을 꾸어 보자.

가슴 뛰는 인생 후반전을 위해 49.

이제 40이다. 기죽지 말고 어깨를 쫙 펴자.

가슴 뛰는 인생 후반전을 위해 50.

자기충족 예언은 인생이란 펌프의 마중물이다.

에필로그_ 눈부신 인생 후반을 위하여.

" 무언가 소원을 빌어야 한다면 부와 권력을 달라고는 빌지 않
겠다. 대신 가능성을 향한 뜨거운 열정과 희망을 볼 수 있는 영
원히 늙지 않는 생생한 눈을 달라고 빌 것이다. 쾌락은 실망을
안기지만, 희망은 절대로 실망을 안기지 않는다."

                        – 키에르케고르, [이것이냐 저것이냐] –

제9장. 자기 경영의 대가가 되어 보자.

" 우리에게 뭔가 시도할 용기가 없다면 삶이 도대체 무슨 의미
가 있다는 말인가?"

_ 빈센트 반 고흐 _

가슴 뛰는 인생 후반전을 위해 41. 자기 경영의 대가가 되어 보자.

 자기 경영의 대가가 되기 위해서는 단순히 주어진 일을 수동적으로 하면서 어제와 같은 오늘을 살고, 오늘과 같은 내일을 살아서는 안 된다. 주어진 환경과 근무 조건이 같다고 해도 자기 경영의 대가는 하루하루 새로운 콘텐츠를 창조하며 자신의 삶을 혁신하며 살아가는 사람이 되어야 한다.

 자기 경영의 대가인 공병호 소장은 자신의 저서를 통해 하루하루 반복되고 수동적인 삶을 살아가는 것이 매우 큰 문제를 야기할 수 있다고 다음과 같이 말한 적이 있다.

 ' 단순한 반복은 사람을 무디게 만든다. 특히 오랜 직장 생활은 매사에 익숙함을 낳는다. 익숙함은 권태로움과 자주 연결된다. 장기근속 사원이라면 더더욱 한 곳에 익숙해져 잇을 것이다. 익숙함은 삶에 어느 정도 도움이 될 수는 있으나 때로는 치명적인 약점이 될 수도 있다. 그것은 새로운 발상, 새로운 사고, 새로운 도전, 새로운 적응을 방해하는 걸림돌이 될 수 있기 때문이다. " < 공병호, [3040, 희망에 베팅하라], 86쪽 >

결국 자기 경영의 대가가 되기 위해서는 우리는 익숙한 것들과 결별을 선언하고, 지금까지 우리를 편하게 해 준 익숙한 그곳에서 뛰어내려야 한다. 그래서 낯설고 낯선 곳으로 뛰어 들어 새로운 자신을 만나야 한다. 새로운 생각, 새로운 행동, 새로운 만남, 새로운 적응, 새로운 발상, 새로운 과제, 새로운 인생을 살아야 한다. 그것이 자기 경영의 대가가 되는 길이다.

우리에게는 언제나 게으르고 싶어 하는 속성이 있다. 본능적으로 우리는 안주하는 것을 좋아한다. 그래서 조금이라도 안주할 수 있게 되면 우리는 100% 안주한다. 그리고 그 순간부터 우리는 더 이상 성장과 발전이 없는 삶을 살게 된다. 안정과 안주는 정체된 삶을 의미한다. 그렇기 때문에 자기 경영의 대가는 반드시 날마다 자신을 벼랑에 세워야 하는 것이 필요하다.

날마다 자신의 한계 이상의 것을 도전하고 창조하고 혁신하고 생각하고 행동해야 한다. 이것이 자기 경영의 요체인 것이다. 우리에게 필요한 것은 자기 자신을 재창조하는 것이다. 자기 자신을 재창조한다는 것은 우리의 시간을 또한 새롭게 활용한다는 것이다.

인생은 결국 시간으로 이루어져 있다. 시간을 어떻게 활용하느나 하는 것, 즉 시간 경영이 자기 경영의 9할을 차지한다고 할 수 있다. 시간을 낭비하는 사람은 절대 대가가 될 수 없고 성공할 수 없다. 반면에 재능이 부족하고 평범한 사람일지라도 시간을 잘 활용하는 사람의 경우에는 출발점이 같다고 해도 도착점은 엄청난 격차가 벌어지게 되어 있다.

우리가 혹독한 자기 경영을 해야 하는 이유는 '평온한 바다는 결코 유능한 뱃사람을 만들 수 없기 때문'이다. 자기 스스로 자신에게 거친 풍랑을 만들어 그것을 헤쳐 나가는 연습을 하도록 해야 한다. 그것이 바로 자기 경영의 본질이다.

우리가 자기 경영을 할 때 우리는 비로소 우리가 날 수 있는지를 제대로 경험할 수 있게 된다. 온실 속에서 자라면 결코 아무것도 발견할 수도 없을 뿐만 아니라 아무것도 해내지 못한다. 날마다 벼랑 위에 자신을 세우는 사람은 그 어떤 것도 해 낼 수 있는 사람이 될 수 있다. 자기 경영은 바로 이런 것이다.

고양이는 아무리 노력을 해도 호랑이가 될 수 없다. 참새 역시 아무리 노력해도 독수리가 될 수 없다. 하지만 인간은 다르다. 태어날 때는 고양이로 태어난 인간도 자기 경영을 통해 호랑이가 될 수 있다. 이것이 인간의 위력이다. 필자는 이렇게 생각하고 믿는 다. 필자 역시 3년 전에는 고양이 같은 보잘것없는 인간이었기 때문이다. 하지만 3년 동안의 자기 경영을 통해, 정말 혹독한 자기 경영을 통해 비범한 사람이 되었다.

누구나 자기 경영을 통해 새로운 사람으로 거듭날 수 있다. 그러한 가능성이 있는 존재는 인간뿐이다. 참새 같은 소인배도 독수리 같은 거인이 될 수 있는 존재는 바로 인간뿐이다. 그런 점에서 자기 경영을 통해 충분히 도약이 가능함에도 자기를 성장시키는 것에 게으르거나 무관심한 사람은 인생을 낭비하는 사람들이라고 말 할 수 있는 것이다.

우리가 자기 경영의 대가가 될수록 우리는 우리 자신을 향상시킬 수 있게 된다. 우리는 우리 자신을 뛰어넘어야 할 그 어떤 존재라고 어떤 철학자가 말한 것처럼 더 높은 곳을 향해 나아갈 때 우리의 삶은 의미가 더해진다.

' 인생의 목적은 끊임없는 전진이다.

앞에는 언덕이 있고, 냇물이 있고, 진흙도 있다.

걷기 좋은 평탄한 길만 있는 것은 아니다.

먼 곳으로 향해하는 배가 풍파를 만나지 않고 순항할 수 만은 없다.

풍파는 언제나 전진하는 자의 벗이다.

차라리 고난 속에 인생의 기쁨이 있다.

풍파 없는 항해, 얼마나 단조로운 것인가!

고난이 심할수록 내 가슴은 뛴다. '

니체의 이 멋진 문장처럼 인생의 목적은 끊임없는 전진이다. 그리고 끊임없는 전진을 하기 위해 가장 필요한 것은 자신의 발전과 성장이다. 그래서 자기 경영은 반드시 필요한 것이다. 그 어떤 사람도 자신을 경영하지 않고 그 어떤 성장이나 발전도 저절로 이루어지게 할 수 없기 때문이다.

자기 경영의 대가로 필자에게 누군가를 손꼽으라고 한다면 필자는 항상 피터 드러커 박사를 손꼽는다. 그는 3년마다 주제를 바꾸어 가면서 엄청난 공부를 한 평생 했다. 그 결과 그는 현대 경영학의 창시자로 평가받을 정도로 큰 획을 그은 인물이 되었다. 그가 주제를 바꾸면서 3년마다 깊게 공부한 것은 대학원을 수십 개나 다닌 것과 다를 바 없을 정도로 그는 끊임없이 자신을 갈고닦았다.

천재 중 천재라고 평가받고 있는 레오나르도 다빈치 역시 자신을 갈고닦았기에 세계적인 천재로 도약할 수 있었던 자기 경영의 대가라고 말할 수 있다. 우리는 보통 천재들은 처음부터 천재였거나 아니면 남들보다 훨씬 더 적은 노력만으로도 쉽게 천재의 능력을 발휘해 내는 것이라고 생각할 수 있다. 하지만 우리가 알고 있는 천재 중에서 노력하지 않고 그저 천재가 된 천재는 많지 않다.

세계적인 천재들은 오히려 남들보다 더 많은 노력과 연습을 통해 천재가 된 인물이라고 할 수 있다. 그런 점에서 위대한 천재들은 모두 자기 경영의 대가라고 할 수 있다. 레오나르도 다빈치가 처음부터 천재로서 재능을 발휘해 낸 것이 아니라 부단한 노력과 공부를 통해 천재로 거듭나게 되었고, 모차르트 역시 우리가 알고 있듯이 그렇게 어렸을 때부터 천재적인 작품을 창작한 것은 아니었다. 남들보다 훨씬 더 빨리, 그리고 남들보다 훨씬 더 많이 작곡 연습과 공부를 통해 결국 천재가 되었던 것이다.

모차르트의 초기 작품들은 형편없었다. 하지만 모차르트는 남들보다 몇십 배의 노력과 훈련을 통해 천재로 거듭나게 되었던 것이다. 이러한 사실에 대해 [우리 안의 천재성]이라는 책의 저자인 데이비드 셍크는 다음과 같이 말하고 있음을 우리는 그의 책을 통해 알 수 있다.

" 매우 어린 나이에 작곡을 시도한 것은 대단하지만 어린 아마데우스(모차르트)가 발표한 초기 작품들은 전혀 비범하지 않았다. 사실상, 그의 초기 작품은 단지 다른 유명 작곡가들의 모사에 불과했다. 11세부터 16세까지 작곡한 초기 일곱 개의 피아노 콘체르토 작품들은 "독창성이 거의 없고, 심지어 모차르트가 썼다고 하기도 민망하다."라고 템플 대학의 로버트 와이즈버그는 말했다. 본질적으로 모차르트는 피아노와 다른 악기로 연주하기 위해 다른 이들의 작품을 편곡한 것에 불과하다. "

(데이비드 솅크, 《우리 안의 천재성》, 한국

방송출판, p.89)

결국 엄청난 노력의 양이 걸작을 만들어내고, 쉼 없는 노력이 비범한 성취를 이루어내는 천재 혹은 아웃라이어(뛰어난 성과를 창출해 내는 비범한 인물)가 될 수 있게 한다.

"아웃라이어가 되는 데 제1 요인은 천재적 재능이 아니라, 소위 '1만 시간의 법칙'이라 불리는 쉼 없는 노력이다."

《아웃라이어》의 저자인 말콤 글래드웰의 이 말처럼 비범한 성취를 이루어내는 천재가 되는 길은 쉼 없는 노력이다. 그런 점에서 천재들, 그리고 아웃라이어들은 모두 자기 경영의 대가인 것이다.

40대는 인생의 그 어떤 시기보다 더 중요하고 가장 핵심적인 시기라고 할 수 있다. 비록 20대와 30대 때의 삶이 온통 실패와 시련으로 점철 되어 있다고 해도 40대 때 비로소 도전하고 도약할 수 있다면 그 인생은 눈부신 인생을 살아갈 수 있게 된다.

그런 점에서 자기 경영의 대가가 되어야 하는 최고의 시기는 40대라고 할 수 있다. 축구에서 전반전에는 상대팀에게 끌려 다니면서 죽을 써다가도 후반전이 시작되어 전혀 다른 팀이 되어 상대를 압도하는 경우가 비일비재한 것은 중간 시점이 그 어떤 때보다 더 중요하기 때문이다.

과거에는 이러한 중간 시점이 존재하지 않았다는 사실을 우리는 잘 알고 있다. 평균 수명이 60도 되지 않기에 40대는 여생(餘生)을 서서히 준비해야 하는 그런 로스타임(loss time)에 불과 했다. 축구로 치자면 후반전이 생략된 채 바로 15분짜리 연장전을 하는 것과 다를 바 없었다. 하지만 지금은 완전하게 달라졌다. 40대부터 엄연하게 지금까지 살아왔던 40년 이상을 더 살고, 연장전을 하고, 인저리 타임(injury time)까지 해도 승부가 나지 않아, 승부차기 까지 하는 꼴이 되었던 것이다.

인생의 20, 30 대는 탐색전의 개념이 되어 버렸고, 경기의 승패를 좌우하는 것은 40대 이후인 후반전이 되어 버린 것이다. 모든 경기의 승부는 후반전에 난다. 후반전에 나지 않으면 연장전에서 나고, 연장전에서도 나지 않으면 승부차기에서 난다. 결국 40대 이후가 이전보다 훨씬 더 중요하게 되었다는 것이다.

시작보다 중간이 더 중요한 또 다른 이유는 시작할 때는 상대가 어떤지 이론적으로 밖에는 알지 못하지만 중간 정도 되면, 상대가 무엇에 강하고 무엇에 약한지, 무엇을 잘하고, 무엇을 못 하는가에 대해 알게 되기 때문이다. 바로 그때, 상대를 알게 되고 나서 새롭게 전략을 세울 때, 그 전략은 매우 효과적이고 강력한 힘을 얻게 된다.

우리가 인생을 반을 살아오면서 인생이 어떤 것인지, 우리가 살아가고 있는 이 세상이 어떤 것인지를 비로소 조금 알게 된 때인 40대에 세상을 향해 어떻게 살아가야 할 것인지, 자기 자신을 어떻게 다듬어 가고, 경영해 나갈 것인가에 대해 새로운 전략을 세우게 되면, 그 전략은 실패할 확률이 매우 낮다.

그래서 자기 자신도 알고, 세상도 알게 되는 40대 때 자기 경영을 하는 것이 매우 중요한 것일 뿐만 아니라, 가장 효과적인 것이다. 그렇기 때문에 바로 이런 이유에서라도 우리는 40대 때 자기 경영의 대가가 되어야 하는 것이다.

가슴 뛰는 인생 후반전을 위해 42. 하루에 열다섯 번씩 꿈을 종이에 기록해 보자.

하루에 열다섯 번씩 당신의 꿈을 종이에 기록해 보자. 우리는 보통 중 고등학교 때 학교를 다니면서 노트에 이런 저런 낙서도 하고 그림도 그리면서 놀았던 적이 있다. 하지만 어른이 되고 나서는 손에 펜을 잡고서 노트위에 무엇인가를 적을 기회가 매우 적어졌다. 이러한 현상을 부추기는 것으로는 스마트폰과 노트북, 컴퓨터 등이 있다.

놀라운 사실은 노트나 종이에 자신의 꿈을 하루에 열다섯 번씩 기록하게 되면 그 꿈이 이루어진다는 것이다. 당신에게 꿈이 있는가? 그렇다면 그 꿈이 이루어졌는가? 아직 이루어지지 않았다면 오늘부터 하루에 열다섯 번씩 꿈을 종이에 기록해 보자.

이렇게 하루에 열다섯 번씩 꿈을 종이에 기록함으로써 그 꿈을 이룬 사람들이 적지 않기 때문이다. 만화가 지망생이었던 스콧 애덤스는 만화가가 되고 싶었지만 돈을 벌어야 하기 때문에 온종일 공장에서 일을 해야 했다. 하지만 그는 틈틈이 쉬는 시간만 되면 종이 위에 무엇인가를 적곤 했다. 그가 적는 것은 바로 이 문장이었다.

　　　" 나는 유명한 시사 만화가가 될 것이다."

주위 사람들은 그의 꿈이 전혀 이루어질 것 같지 않았기 때문에 그에게 그 꿈을 포기하고 정신 차리라고 조언을 해 주었다. 하지만 그는 꿈을 포기하지 않았고, 매일 자신의 꿈을 열다섯 번씩 종이위에 기록하는 것을 멈추지 않았다. 그러자 놀랍게도 그는 그 꿈을 이루게 되었다. 여러 군데의 유명한 신문에 그의 만화가 실리게 되는 유명한 시사만화가가 되었던 것이다. 그 때부터 그는 다른 꿈을 종이에 기록하기 시작했다.

" 나는 세계 최고의 만화가가 되겠다."

그는 이 문장을 이제 하루에 열다섯 번씩 종이에 기록하게 되었다. 그렇게 수 십 년을 하자 결국 그의 꿈은 마법처럼 이루어졌다. 그의 만화 '딜버트(Dillbert)'는 전 세계 2,000개가 넘는 신문에 실리게 되었고, 명실상부한 세계 최고의 만화가가 되었다.

하루에 열다섯 번씩 꿈을 종이에 적게 되면 무엇보다 자신의 뇌가 그것을 아주 깊고 명확하게 각인하게 된다. 입으로 말을 하는 것보다 기록할 때 몇 배 더 효과가 있는 것은 손을 움직여 기록할 때 우리의 뇌가 활성화되고 움직이기 때문이다. 그리고 그렇게 될수록 우리는 우리의 모든 잠재력과 능력을 발휘하여 그것을 이루기 위해 무의식중에도 행동하게 된다.

우리의 뇌에는 '망상 활성화 시스템(RAS:Reticular Activating System)'이란 것이 있다. 이것은 일종의 정보 선택 시스템이다. 우리 두뇌는 우리에게 입력되는 모든 정보를 받아들이기에는 과부하가 걸린다. 지금처럼 정보가 넘쳐날 때는 더욱 더 그렇다. 복잡한 시내를 걸어 다니면서 눈에 보이는 모든 간판과 지나가는 버스의 경적 소리와 북적이는 모든 행동과 소음들을 우리의 뇌가 취사선택하지 않고 다 저장한다고 생각해 보라. 아마 우리의 뇌는 곧 멈추게 되거나 기능이 급속도로 저하가 될 것이다.

즉 망상 활성화 시스템은 우리 뇌에 들어오는 정보들을 평가하여 중요한 것은 선택하여 뇌가 기억하도록 하고, 불필요한 정보들은 모두 뇌가 기억하지 못 하도록 사전에 차단해 버리는 역할을 한다. 그래서 우리가 복잡한 광장에서도 자신의 이름이 저 멀리서 불리게 되면 그것을 우리의 뇌가 듣고 반응하게 되는 것이다.

종이에 뭔가를 기록하는 행위는 망상 활성화 시스템을 가장 효과적으로 작동하게 하여 우리의 뇌가 선택하게 할 뿐만 아니라 강화되어 뇌에 인식되도록 해 준다. 이렇게 뇌에 강하게 저장된 내용은 우리의 의식이 그 꿈에 집중되게 할 뿐만 아니라 우리의 무의식에도 강하게 영향을 미친다. 그래서 말로 하거나 생각만 하는 것보다 직접 손을 움직여 연필을 잡고 종이에 기록할 때 훨씬 더 큰 각인 효과가 있는 것이다.

말을 하거나 생각만 하는 것 보다 손가락을 움직여 종이 위에 글을 쓸 때 우리의 꿈이 우리의 뇌에 더 잘 각인되는 또 다른 이유가 있다. 우리가 시험을 치거나 무엇을 기억하려고 할 때 잘 기억이 나지 않을 때 우리는 종이에 낙서하거나 아무거나 휘갈겨 쓰다 보면 기억이 나는 경우가 있다. 그것은 우리의 손가락을 움직이는 행위 자체가 우리의 뇌를 활성화시키기 때문이다.

손을 제 2의 뇌라고 하는 이유도 여기에 있다. 손과 뇌는 가장 많이, 그리고 직접적으로 연결되어 있는 장기이다. 그래서 손가락을 움직여 글씨를 쓸 때, 우리의 뇌는 가장 많이 활성화되어 기능하게 되어 있다. 인간의 진화가 인류가 직립 보행을 할 수 있게 되면서 손가락을 자유롭게 사용할 수 있게 되었을 때 급속도로 이루어진 이유가 여기에 있다. 다른 어떤 장기들보다 손이 압도적으로 많은 뇌의 부분을 차지하고 있다.

어린이들에게 손가락을 이용해야 하는 피아노를 가르치게 되면 뇌가 발달하는 것은 바로 이런 이유에서이다. 손을 많이 움직일수록 우리의 뇌가 발달된다는 말은 과학적으로도 입증된 사실이다. 종이에 꿈을 기록하는 행위는 우리 뇌에 꿈을 기록하는 행위와 동일한 것이다. 그래서 뇌에 확실하게 각인된 꿈은 그 때부터 우리를 꿈이 실현될 수 있는 길로 이끌어 간다.

결국 우리는 밤에 잠을 자면서도 꿈을 향해 달려 나가는 효과를 얻게 된다. 그 결과 꿈을 종이에 적지 않고 그저 가지고 있는 사람과는 비교도 안 될 만큼 엄청난 집중력과 열정을 가지게 된다. 그러한 것들이 가지게 되는 위력은 평범한 한 사람으로 하여금 위대함에 이르도록 해 주고도 남는 것이다.

우리가 하루에 열다섯 번씩 자신의 꿈을 종이에 기록해야 하는 이유가 바로 이것이다. 기록함으로써 우리는 한 번 더 꿈에 대해 몰입할 수 있게 된다. 기록함으로써 우리는 한 번 더 꿈을 상기해 볼 수 있게 된다. 결국 꿈을 항상 가까이에 두고 꿈을 향해 나아갈 수 있게 되는 것이다.

아메리칸 인디언 속담에 " 당신이 생각하고 있는 말을 만 번 이상 반복하면 당신은 그런 사람이 된다. ' 라는 말이 있다. 이 속담도 본질은 열다섯 번씩 종이에 매일 기록하는 것이 실현되는 이치와 같다고 할 수 있다. 우리의 뇌는 우리가 말하고, 쓰고, 결심하는 것에 가장 큰 영향을 받는 다. 그러므로 하루에 열다섯 번씩 이루고 싶은 꿈을 종이에 기록해 보자.

삶의 작은 기적은 우리의 손가락에서 시작되어 그것이 노트로 옮겨질 때 비로소 완성될 수 있다. 우리의 손가락은 우리의 내면에서 우리의 꿈이 시작되는 출발점이라면 노토에 옮겨질 때의 노트는 우리의 꿈이 마음껏 펼쳐지는 이 세상을 의미한다. 노트에 우리의 꿈을 적는 다는 것은 이 세상에 우리의 꿈을 확고하게 각인시켜서 지워질 수 없도록 만드는 것을 의미한다. 그렇게 될 때 이 세상은 우리의 꿈이 실현될 수 있도록 반응해 준다.

 세계적으로 유명한 코미디 배우인 짐 캐리는 한때 너무나 가난한 삶을 살았다. 잠 잘 집도 없어서 50달러짜리 낡은 중고차에서 잠을 잤고, 하루 종일 햄버거 하나로 버텨야 했다. 하지만 그는 자신의 꿈을 포기하지 않았다. 1990년에 그의 인생은 너무나 비참했고 가장 밑바닥 인생을 살았다. 하지만 그는 그때 할리우드에서 가장 높은 언덕에 올라가 종이에 영화 출연료로 1천만 달러라는 목표액을 직접 쓰고, 그 가짜 수표의 지급 일자를 5년 뒤인 1995년의 추수감사절이라고 적고, 지갑 속에 넣고 다녔다. 짐 캐리의 뇌에 1천만 달러라는 액수가 정확하게 그리고 확실하게 각인되었던 것이다.

 그 결과 그의 의식과 무의식은 5년 동안 알게 모르게 1천만 달러를 향해 달려가게 되었고, 실제로 1995년에 <배트맨 3>로 출연료 1천만 달러를 받게 되었다. 삶의 기적을 이루어 주는 것은 우리의 뇌를 우리가 어떻게 활용하느냐에 달려 있다. 손을 움직여 꿈을 기록하는 것은 매일 꿈을 가슴에 품고 살아가는 것과 같은 것이다. 매일 꿈을 가슴에 품은 사람은 결국 그 꿈을 이루게 되는 것이다.

가슴 뛰는 인생 후반전을 위해 43. 세상을 놀라게 할 일을 시작해 보자.

인생 후반을 가슴 뛰는 삶으로 살고 싶다면 40대의 나이에 우리가 반드시 해야 할 일이 있다. 이 세상에는 공짜 점심이란 것이 없다. 심은 만큼 거두고, 뿌린 만큼 열매를 보게 된다. 그러므로 인생 후반을 가슴 뛰게 할 만큼 멋지고 눈부시게 살고 싶다면 그만큼 멋지고 놀라운 일, 즉 세상을 놀라게 할 만한 일을 시작해야 한다.

40대를 어떻게 보내느냐에 따라서 인생 후반의 삶의 질과 수

준이 결정된다고 할 수 있다. 40대에 위대한 일을 시작한 이들을 우리는 알고 있다. 그들이 인생의 후반을 가슴 뛰게 하는 그런 멋진 삶을 살아갈 수 있었던 것은 그들이 그들의 나이 40대에 세상을 놀라게 할 일을 시작할 수 있었기 때문이다.

빅토르 위고가 [레 미제라블]의 집필을 시작한 나이는 44세 때이다. 르네상스의 3대 거장 중에 한 명인 레오나르도 다 빈치가 세계 미술사에서 가장 뛰어난 그림 가운데 하나로 손꼽히는 < 최후의 만찬 >을 그리기 시작한 시기는 그의 나이 43세 때였다. 중국의 최고의 통사인 [사기]를 사마천이 저술에 착수한 시기가 그의 나이 43세 때였고, 증권 거래소 직원이었던 빈센트 반 고흐가 화가의 길로 들어 선 것도 바로 그의 나이 43세 때의 일이었다. 신문 기자 출신인 이안 플레밍이 첩보영화의 기념비적인 영화라고 할 수 있고 전 세계인들이 가장 사랑한 스파이 영화인 [007 시리즈]를 쓰기 시작한 시기는 그의 나이 41세 때였다. 평범한 가정주부였던 박완서 작가가 평생 처음으로 전문적으로 글을 쓰기 시작하여 등단했을 때 그의 나이는 정확히 40 이었다.

우리들도 이들처럼 40대의 나이에 세상을 놀라게 할 수 있는 일을 시작할 수 있다. 위대한 위인들은 모두 그렇게 시작했다.

" 새로운 시작은, 익숙한 인생의 길에서 풀쩍 뛰어오르는 것과 같다. 발 딛고 서 있는 그곳과 결별하지 않으면 안 되는 것이다."

세상이 깜짝 놀랄 만큼 위대한 일을 시작하는 사람이 되어야 하는 이유는 없다. 하지만 모든 사람이 살아가지만 진정으로 살아가는 사람은 많지 않다. 한번 밖에 주어지지 않는 삶을 살 바에는 진정으로 살아가는 것이 중요하다. 삶을 뼛속까지 살아내는 사람은 세상을 깜짝 놀라게 할 만큼 위대한 일을 할 수 있게 된다. 그것이 우리가 제대로 살고자 결단하고, 세상을 놀라게 할 일을 시작할 때 우리에게 주어지는 보상인 것이다.

우리가 잘못 생각하는 것 중에 하나가 우리에게 주어진 삶을 당연하게 생각하는 것이다. 결코 삶은 당연한 것이 아니다. 삶은 우리에게 주어진 한 번 뿐인 매우 소중하고 가치 있는 기회이며 시간이다. 그 기회는 두 번 다시 오지 않는 다. 당신이 아무렇지도 않게 맞이하는 새로운 날의 새 아침은 지금 이 순간이 아니면 절대로 다시 만날 수 없는 그런 최고의 순간이다. 하지만 우리는 그러한 최고의 순간을 스스로 최악의 순간으로 만들면서 살아간다.

세상을 놀라게 할 일을 한 가지 생각해 보자. 그리고 그 일을 해 보자. 그 일을 발견하고 결단하고 시작할 때 당신은 알게 된다. 당신의 삶을 최고의 삶으로 바꾸는 방법이 멀리 있지 않다는 사실을 말이다. 그리고 깨닫게 되는 또 한 가지는 세상을 놀라게 할 일이 그렇게 거창하거나 그렇게 힘든 것은 아니라는 사실이다.

우리는 모두 자신만의 재능과 강점을 가지고 태어났다. 그래서 그것을 잘 발견하고 개발하기만 하면 누구나 세상을 놀라게 할 만큼 놀라운 일을 해 낼 수 있게 된다. 인생의 산전수전을 다 겪은 40대들은 특히 더 그렇다. 이미 인생 내공이 40년 동안 쌓였기 때문이다. 이것은 그 어떤 공부보다 더 강력한 힘을 발휘해 낼 수 있다. 특히 위기와 시련의 순간에는 더 더욱 그렇다. 그러므로 자신을 믿고 세상을 놀라게 할 일을 시작해 보자.

" 시작이 반이다. " 라는 속담도 있다. 시작하기 위해서는 결단을 해야 한다. 결단한다는 것은 어떤 점에서 그 일의 반에 해당되기 때문이다. 소가 수레를 이끌 듯 우리의 생각과 결단은 우리의 삶의 모습을 결정짓는 다. 그래서 생각과 결단은 가장 중요한 요소라고 할 수 있다. 그렇기 때문에 우리는 우리 자신이 세상을 놀라게 할 일을 시작하고자 하는 생각과 결단을 하는 것이 가장 중요하다.

결단하는 순간 길이 열리고 이 세상도 없던 길을 만들어서라도 우리 앞에 펼쳐준다. 그래서 '하늘은 스스로 돕는 자를 돕는다' 라는 유명한 말이 생겨나게 된 것이다. 우리가 우리 자신을 돕기 위해서 그리고 하늘까지 우리를 돕도록 하기 위해 우리가 반드시 해야 할 일은 '세상을 놀라게 할 일을 하는 습관'을 형성하는 것이다.

" 습관이란 인간으로 하여금 그 어떤 일이든 하게 만든다." 라고 도스토예프스키는 말했고, " 습관은 제2의 천성으로 제1의 천성을 파괴한다."고 파스칼은 말했다. 우리가 습관을 형성하지만 우리가 형성한 습관은 결국 우리 자신을 만든다. 그러므로 우리는 습관을 잘 만들 수 있어야 한다. 실패하는 습관, 변명하는 습관, 포기하는 습관, 우유부단한 습관, 나약한 습관 등은 모두 우리를 실패자로 만들고 나약하게 만들고 그 어떤 것도 도전하지 못 하는 우유부단한 사람으로 전락시키고 만다.

반면에 행동하는 습관, 도전하는 습관, 큰일을 생각하고 결단하는 습관, 실천하는 습관, 과감하게 행동하는 습관 등은 우리로 하여금 큰일을 할 수 있는 사람으로 성장시켜 주고, 우리를 거인으로 만들어 준다.

이러한 사실에 대해 성공학의 거장이라고 할 수 있는 브라이언 트레이시Brian Tracy는 다음과 같이 말한 적이 있다.

" 심리학과 성공학 분야의 가장 중요한 발견은 당신이 생각하고 느끼고 행동하고 성취하는 모든 것의 95%가 '습관의 결과' 라는 사실이다. 어린 시절부터 당신은 거의 모든 상황에서 자동적으로 반응하는 일련의 조건반사인 이 '습관'을 발전시켜왔다. 간단히 말하면, 성공하는 사람은 '성공하는 습관'을 가지고 있고, 실패하는 사람은 '실패하는 습관'을 가지고 있다."

어떤 일을 완벽하게 해 내는 사람들은 재능이 뛰어나서 그렇게 하는 것이 아니라 완벽하게 해 내는 습관 때문이라고 할 수 있다. 철학자 아리스토텔레스는 '완벽이란 한 번의 행위가 아니라 일종의 습관이다.' 라고 말했다. 즉 탁월함, 위대함을 만드는 것은 습관인 것이다.

당신에게 재능이 없다고 해도 세상을 놀라게 할 일을 하라고 조언해 줄 수 있는 근거가 바로 이것이다. 우리를 위대함에 이르게 하는 것은 우리의 재능이 아니라 우리가 만든 습관이기 때문이다. 그래서 필자는 '습관은 제 2의 재능이다' 라고 말하고 싶다.

'습관은 제 2의 재능' 이기 때문에 세상을 놀라게 할 만큼 위대한 일의 씨앗은 일상 속의 습관 속에서 싹트게 된다. 좋은 습관은 가장 효율적으로 반복하게 하는 힘이 있다. 그런 효율성과 반복성은 결국 대가를 만들고, 걸작을 창출해 낼 수 있게 해 준다.

재능을 꼭 타고 나야만 세상을 놀라게 할 수 있는 일을 할 수 있는 것은 아니다. 그러므로 40대 때 세상을 놀라게 할 일을 시작해 보자. 포기하지 않고 멈추지 않는 다면 충분히 해 낼 수 있게 된다. 수적천석(水滴穿石)이란 말처럼, 작은 물방울이 바위를 뚫는 원리는 평범한 사람일지라도 위대한 일을 해 낼 수 있는 방법을 깨우치게 해 준다.

그렇기 때문에 꾸준함을 이길 수 있는 그 어떤 재능도, 그 어떤 장애물도 이 세상에는 존재하지 않는 것이다.

가슴 뛰는 인생 후반전을 위해 44. 기적 같은 삶의 주인공이 되어 보자.

" 세상을 사는 방법에는 두 가지가 있다.

 기적이란 없다고 믿는 방법과 모든 것이 기적이라고 믿으며 사는 것,

 나는 후자를 택하기로 했다. "

 20세기의 최고의 천재 과학자인 아인슈타인의 말이다. 그는 자신의 이 말처럼 기적 같은 삶을 살았다. 그리고 그가 기적 같은 삶을 살 수 있었던 단 한 가지 이유는 모든 것이 기적이라고 믿으며 살았기 때문이라고 필자는 생각한다.

 기적 같은 삶은 기적을 믿고 바라고 소망하고 기대하는 사람들만이 살아 갈 수 있다. 그런 점에서 기적이란 없다고 믿는 사람은 평생 기적을 경험하지 못 하는 불행한 삶을 살아가게 된다.

 우리의 삶을 결정하는 것은 결국 우리의 신념이다. 신념이란 우리가 어떻게 반응할 것이며 어떤 태도를 취하며 어떤 모습으로 살아갈 것인가를 오롯이 결정짓는 것이다. 그런 점에서 기적 같은 삶의 주인공이 되는 사람들은 신념이 강한 사람들일 수밖

에 없는 것이다.

우리에게 신념이 필요한 이유는 기적을 믿지 않으면서 삶에 기적이 일어나기를 바라는 이율배반적인 삶을 살아서는 결코 아무것도 얻을 수 없음이 확실하기 때문이다. 이것은 '나무 위에 올라가서 물고기를 구한다.'는 연목구어緣木求魚와 같은 것이다.

물고기를 구하는 것이 도저히 불가능한 이유는 나무 위에 올라가서 구하기 때문이듯, 우리가 우리의 삶에 기적이 일어나는 것이 도저히 불가능한 이유는 모든 것이 기적이라고 믿지 않기 때문이다. 물고기를 물이 있는 강에 가서 구해야 하고, 기적은 기적이 반드시 일어날 것이라는 신념을 토대로 해서 기대해야 한다.

신념에는 보이지 않지만 강력한 힘과 에너지가 있다. 그래서 믿는 자에게는 하지 못 할 일이 없다고 예수도 말 한 적이 있다. 인생은 결국 우리가 믿는 만큼 살아갈 수 있는 것이다. 크게 믿는 사람은 큰 인생을 살아갈 수 있고, 조금 믿는 사람은 작은 인생을 살아가게 된다. 그런 점에서 믿음의 크기가 곧 인생의 크기가 되는 것이다.

[기적은 당신 안에 있습니다]란 책의 저자인 이승복씨는 한 마디로 기적 같은 삶의 주인공이다. 그는 올림픽 금메달이 기대되는 촉망받는 올림픽 체조선수였다. 하지만 그에게 크나 큰 시련이 닥쳐왔던 것이다. 1983년 7월 4일, 체조 연습을 하던 중에 사고가 났다. 공중회전을 하다 턱을 땅에 박은 것이다. 그 결과 사지마비라는 청천벽력 같은 선고를 받게 되었다. 결국 그는 다시는 체조를 할 수 없었을 뿐만 아니라 평생 휠체어를 타고 다녀야 했다.

그는 절망하지 않았다. 자신의 꿈이 산산조각 났음에도 그는 기적 같은 삶을 위해 무엇인가를 시작할 줄 알았던 인물이었다. 그는 장시간 책상 앞에 앉아 있을 수도 없었고, 손으로 글씨조차 쓰기 힘들었지만 의학 공부를 시작했다. 그리고 아무도 기대하지 않았던, 그리고 아무도 가능하다고 생각조차 하지 못했던 의사가 되었고, 세계 최고의 병원인 존스홉킨스 병원의 재활의학 수석 전문의가 되었다.

그가 휠체어를 타고 병원을 누비는 모습은 한 마디로 희망의 증거였다. 많은 환자들이 그를 보고 큰 힘과 용기를 얻는 것이다. 그가 바로 '슈퍼맨 닥터 리'로 불리는 의사였던 것이다. 삶의 기적은 멀리 있는 것이 아니다. 우리의 안에 있는 것이다.

모든 사람이 노라고 말할 때, 혼자서 예스라고 말해야 한다. 모든 사람이 불가능하다고 말할 때, 혼자서 가능하다고, 반드시 해 낼 수 있다고 말해야 한다. 그러한 자세와 생각에서 삶의 기적은 비롯되기 때문이다. 이승복씨가 바로 그랬다. 그가 의대에 들어가기 위해 메디컬스쿨에 다니는 사람들에게 자문을 구했을 때 그들은 모두 고개를 절레절레 저었다. 그리고 매우 냉정한 태도로 현실을 꼬집으며 다음과 같이 말을 했다.

" 승복, 미안한 이야기지만 당신의 손으로는 주사기조차 제대로 사용할 수 없어요. 메스도 들 수 없어요. 해부학 실습에 참여할 수 있다고 생각해요? 더구나 많은 대학병원들의 침상들은 허리 높이만큼이나 높아요. 가장 큰 문제는 당신 몸으로 그 끔찍하도록 많은 메디컬스쿨의 커리큘럼을 따라잡기는 무리라는 거예요. 승복, 당신 하루에 열 시간 동안 책상 앞에 앉아 있을 수 있겠어요? 하루 두 시간만 잠을 자고 버틸 수 있겠어요? 안타깝지만 승복, 그건 척수장애인인 당신에겐 몸에 대한 자살행위나 다름없어요." < 이승복, [기적은 당신 안에 있습니다], 198쪽 >

그는 육체적 장애를 갖고 있었지만 그러한 장애의 틀 속에서 벗어났다. 하지만 수많은 정상인들이 스스로 장애의 틀 속에서 살아가고 있다. 바로 그렇기 때문에 기적 같은 삶의 주인공은 장애의 틀 속에서 벗어날 수 있는 사람만이 가능하다. 육체적 장애는 정신적 장애에 비하면 아무것도 아니다.

" 나는 육체적 장애를 갖고 있지만 그 한계에 대해서는 생각하지 않았다. 나는 많은 곳을 다녔고 많은 사람들을 만났다. 공부도 하고 수영도 할 수 있었다. 의대 공부도 당연히 할 수 있다고 생각했다. 그러나 육체적으로 멀쩡한 사람들은 오히려 육체적 한계에 대해 분명한 태도를 취했다. 그들은 나에게 할 수 없다고 말하고, 어렵다고 말했다. 나는 손을 못 써도, 다리를 못 써도 할 수 있을 것이라고 생각했지만, 그들은 마치 손과 다리가 전부인 양 이야기를 했다. 나는 이미 장애에 대해 다 떨쳐버리고 자유로워졌는데, 그들은 장애라는 틀에서 벗어나지 못하고 있었다." < 같은 책, 199쪽 >

결국 기적과 같은 삶을 가능하게 해 준 것은 바로 신념이었던 것이다. 세상 모든 사람들이 안 된다고 할 때 혼자서 된다고 할 수 있는 신념! 그것이 바로 기적과 같은 삶의 토대인 것이다. 우리가 기적과 같은 삶을 살아가지 못하고 있는 이유는 바로 신념이 부족하기 때문이다.

우리가 스스로 할 수 없다고 생각하게 되면 절대로 그 일을 해 낼 수 없게 된다. 그런 점에서 신념은 가장 큰 기적의 조건인 것이다. 그런 점에서 기적은 신념의 또 다른 이름이다. 그리고 동시에 신념은 기적의 또 다른 이름이기도 하다. 이 두 가지는 절대로 나누어서 생각할 수 없는 것이기 때문이다.

기적 같은 삶의 주인공이 되기 위해 반드시 필요한 것이 하나 더 있다면 그것은 절박함이다. 절박한 상황에서 뭐든 해야 하고, 뭐든 이겨내야 하고, 뭐든 견뎌내야 할 때 우리는 초능력을 발휘할 수 있게 된다.

필자가 좋아하는 철학자의 말 중에 하나는 장 폴 샤르트르의 이 말이다.

" 천재는 재능이 아니라 절망적인 처지 속에서 만들어지는 돌파구이다."

우리나라에 권투 세계 챔피언이 드물어진 이유는 라면을 먹지 않아서이다. 그리고 그 라면이 의미하는 것은 절박함이다. 과거에는 못 먹고, 못 살았고, 권투 선수를 하겠다고 한 사람들은 모두 권투 말고는 할 것이 없었고, 그것이 아니면 먹고 살 수 없었다. 그래서 그들은 모두 절박한 심정으로 매일 라면만 먹으면서 권투 연습을 했던 것이다. 그 결과 그들은 세계 챔피언이 될 수 있었던 것이다.

하지만 요즘은 권투를 굳이 안 해도 먹고 살 수 있는 방법은 너무나 많다. 지천에 깔려 있다. 그래서 무엇을 해도 절박한 심정은 없다. 그 결과 세계 챔피언이 과거만큼 많이 배출 되지 않는 것이다.

세종대왕이나 이건희 회장이 모두 위대한 성과를 거둘 수 있게 된 것은 한 마디로 절박함 때문이었다. 이 두 사람의 공통점은 첫째가 아니라 셋째라는 점이다. 세종대왕은 왕이 될 수 없는 위치였고, 항상 생명의 위협을 느껴야 했다. 살아남기 위해 그는 절박한 심정으로 책을 읽고 또 읽었던 것이다.

이건희 회장 역시 셋째이다. 20대 후반 혹은 30대 초반까지 그가 삼성의 회장이 될 것이라고 생각한 사람은 아무도 없었다. 그는 절박한 심정으로 삼성을 살려야만 하는 상황을 맞이하게 되었고, 그때부터 그는 절박한 심정으로 이미 망한 회사와 같은 삼성을 살리기 위해 모든 것을 걸었던 것이다.

이건희가 삼성의 회장이 되었을 당시에 삼성은 심각한 수준의 '삼성병'을 앓고 있었다. 그 정도가 얼마나 심했으면, 이건희의 눈에는 삼성이 이미 망한 회사처럼 보였다는 표현까지 했을까.

"삼성은 지난 1986년도에 망한 회사입니다. 나는 이미 15년 전부터 위기를 느껴왔습니다. 지금은 잘해 보자고 할 때가 아니라 죽느냐 사느냐의 기로에 서 있는 때입니다.

< 홍하상, [이건희] 한국경제신문. 2003년, 151쪽. >

그만큼 당시 삼성은 심각한 고질병에 걸려 있었다. '후쿠다 보고서'에도 나와 있듯이 대단히 소비적이고, 상품을 생산할 때 상품기획서도 없을 만큼 체계가 없고, 철저하지도 않은 회사였다. 이건희는 삼성 그룹에 골고루 퍼져 있는 고질병에 대해 정확하게 진단하고 아래와 같이 일갈하기도 했다.

'(삼성)전자는 암에 걸렸다. 중공업은 영양실조다. 건설은 양양 실조에 당뇨까지 겹쳤다. 종합화학은 선천성 기형이요, 물산은 전자와 종합 화학을 나눈 정도의 병이다.'

무엇보다 이건희에게 큰 충격을 주고, 자극을 주었던 것은 세탁기 면도칼 사건이었을 것이다. 세탁기를 조립하는 한 직원이 여닫는 문이 맞지 않자 그 자리에서 면도칼을 꺼내서 그 문의 한쪽을 깎아내고서 조립하는 충격적인 사건을 알려 지게 되었던 것이다. < 신동준, [득천하 치천하], 332~333쪽 참조>

이 사건을 통해 이건희는 다짐하고 또 다짐했을 것이다. 돌다리든 뗏목이든 나무다리든 뭐든지 건너야 한다는 사실을 말이다. 이대로 가다가는 삼성은 반드시 삼류로 전락하고, 망할 수밖에 없게 된다는 사실을 확신했을 것이다. 그가 선택한 방법은 무조건 건너보자는 것이었다. 지금 이대로는 안 된다는 절박함을 가지게 되었던 것이다.

조엔 K. 롤링 역시 절박함으로 인해 세계적인 작가와 부자가 될 수 있었던 인물이다. 이혼녀에 실직자에 싱글맘에 정부의 보조금으로 연명하면서 살아야 했던 그녀에게 생활고로 인해 자살충동까지 생기는 것은 당연한 일이었을 것이다. 하지만 그녀는 절박한 심정이 있었기에 자신이 마지막으로 선택한 책을 쓰는 일에 모든 것을 걸 수 있었다. 자신의 모든 것을 걸고 절박한 심정으로 해리포터 시리즈를 집필하게 되자. 그녀는 세계적인 작가로 도약할 수 있게 되었던 것이다.

이처럼 기적 같은 삶의 주인공이 되기 위해 필요한 것은 절박함이다. 절박한 심정으로 도전하고 모험을 해야 한다. 이 길이 아니면 다른 길이 없다고 생각하고 그 길에 모든 것을 걸 줄 알아야 한다.

가슴 뛰는 인생 후반전을 위해 45. 남과 다른 자신만의 길을 개척해 보자.

" 인간은 테어날 때 대리석과 그것을 연마하는 데 필요한 도구를 삿고 태어난다. 일생 동안 그것을 다듬지 않고 끌고 다닐 수도 있고, 자갈로 만들 수도 있으며, 혹은 하나의 멋진 조각으로 만들 수도 있다. "

리처드 바크가 [갈매기의 꿈]에서 한 말이다. 우리가 남과 다른 자신만의 길을 개척해야 하는 이유가 바로 이것이다. 그의 말처럼 우리는 모두 대리석과 그것을 연마하는 데 필요한 도구를 갖고 태어난다. 그래서 하나의 멋진 조각을 만들어 나간다. 그런데 모든 사람들이 만드는 조각의 모습이 똑같은 것이라고 한다면 우리는 존재 가치가 급격하게 떨어질 수밖에 없다.

진품과 모조품의 가치가 하늘과 땅 차이만큼 벌어지는 것이 바로 이 때문이다. 진품은 남과 다른 자신만의 작품이며 독특한 작품이다. 하지만 모조품은 그저 남과 같은 작품이며, 독특하지 않다. 그런 점에서 가장 중요한 것은 창의성이라고 할 수 있다.

지금, 이 시대에는 무조건 열심히 일만 하는 꿀벌들의 시대가 아니라 남과 다른 자신만의 그 무엇을 개발하고 발휘하는 창의적인 인재들의 시대이다. 창의성이 새롭게 주목받게 되었고, 창의성이 새로운 경쟁력으로 떠올랐다. 결국 남과 같으면 절대로 성공할 수 없는 그런 시대가 되었기 때문이다.

마케팅의 귀재 세스 고딘은 자신의 저서인 [보랏빛 소가 온다]라는 책을 통해 '리마커블(remarkable)' 해야 성공할 수 있다고 말한다. 그는 리마커블의 반대말이 '보통이다' '평범하다' 가 아니라 '아주 좋은' 것이라고 한다. 즉 별로 언급할 만한 가치가 없을 정도로 잘 만들어진 것, 주목받지 못할 정도로 어느 정도 좋은 것이 리마커블의 반대말이라는 것이다. 결국 리마커블하다는 것은 아주 좋은 것이 아니라 뭔가 부족하지만, 새롭고, 혁신적이며, 남이 결코 흉내 낼 수 없는 그 뭔가를 창조해 내는 것이다.

우리 인생 역시 성공하기 위해서는 아주 좋을 필요가 없다. 아주 좋으면 오히려 주목받지도 언급되지도 못 한다. 하지만 뭔가 부족하고 뭔가 덜 떨어져 있지만, 새롭고 혁신적이고 남들이 결코 흉내 낼 수 없는 그 뭔가를 창조해 내는 인생이 되면 성공할 수 있다.

한 마디로 예외적인 사람이 되는 것이다. 경력을 가진 사람들은 많지만 독특한 경력을 가진 사람은 훨씬 적은 노력으로 훨씬 많은 보상을 받을 수 있다. 그리고 자신의 경력이 리마커블할수록 자신들이 좋아하는 일자리를 선택할 폭이 넓어진다. 또한 자신이 리마커블할수록 블루오션을 창출해 낼 수 있다. 자신이 예외적인 사람이기 때문에 레드오션에서 수많은 경쟁자들을 상대로 피 터지게 싸우지 않아도 된다.

" 여기 다른 방법이 있다. 어쩌면 당신이 짐작했을지도 모르겠다. 예외적인 사람이 돼라. 리마커블한 경력을 가진 리마커블한 사람은 훨씬 적은 노력으로 일자리를 바꾼다. 리마커블한 사람은 많은 경우 이력서조차 없다. 대신에 이들은 빈자리가 생겼을 때 재빨리 자기들을 추천해 줄 스니저(sneezers, 재채기하는 사람이란 뜻이지만, 여기서는 주위에 말하지 않고는 못 견디는 사람들, 유포자들을 의미)들에게 의존한다. 리마커블한 사람은 많은 경우 그들이 좋아하는 일자리에서 그보다 더 좋아하는 자리로 스카우트된다.

비결은 구직 기법에 있는 게 아니다. 비결은 이 사람들이 일자리를 찾지 않는 동안 무엇을 하는지와 관련돼 있다. 이 퍼플 카우들은 충격적인 일을 해낸다. 이들은 사람들의 주목을 받는 프로젝트에 시간을 쏟는다. 이런 사람들은 위험을 무릅쓰고, 때로는 커다란 실패를 경험한다. 하지만 이런 실패가 이들을 막다른 골목으로 인도하는 일은 거의 없다. 결국은 이 실패라는 것도 사실상 위험이 아니다. 대신 이런 유의 실패 때문에 그들은 다음에 훨씬 더 좋은 프로젝트를 맡을 가능성이 높아진다.“ < 세스 고딘, [보랏빛 소가 온다.], 161 ~162쪽 >

남과 다른 사람이 되어야 하는 이유가 바로 이것이다. 이 세상이 원하는 사람은 평범하고 표준화된 사람이 아니라 절대로 대체 불가능하고 독특하고 예외적이고 남다른 사람인 것이다.

우리가 남과 다른 자신만의 길을 개척해야 하는 또 다른 이유는 남과 다른 길을 갈 때 더 쉽게 더 빠르게 성공할 수 있기 때문이다. 40대 중년의 평범한 직장인이 있다. 그는 열심히 살아

왔다. 직장에서 누구보다 성실하게 책임감 있는 중견 직장인이었다. 하지만 그것이 그의 인생을 책임져 주지 않는다. 우리에게 뭔가를 깨닫게 해 주는 두 사람의 대화를 살펴보자.

카운슬러: 당신만의 독특한 경쟁력이 있으신가요?

평범한 40대 성실하고 책임감 있는 직장남: 저는 그저 성실하고 책임감있게 주어지는 임무에 대해서는 완벽하게 일을 처리할 수 있습니다.

카운슬러: 성실, 근면, 책임 등은 중요하지 않습니다. 이제는 당신만의 특별한 그 무엇이 있어야 합니다. 그런 것들이 있습니까?

직장남: 저는 경력이 있습니다. 20년 동안 한 직장에서 성실하게 일 해 왔다는 직장 경력입니다.

카운슬러: 과거의 경력은 이제 아무 소용도 없습니다. 오히려 새로운 일을 하는 데 오랫동안 한 가지 일만을 하시면서 굳어진 사고와 습관의 틀은 더 방해가 될 뿐입니다. 선생님이 내세울

수 있는 경쟁력은 무엇인가요?

직장남: ... 없습니다. 그저 평범하게 살아왔습니다.

카운슬러: 그러시다면, 이제부터는 평범함에서 벗어나셔야 합니다. 이 시대의 경쟁력은 한 가지 밖에 없습니다. 남과 다른 길을 가는 것입니다. 그것이 최고의 경력입니다. 남들이 할 수 없는 일, 자신만이 할 수 있는 일을 지금부터라도 해 나가셔야 합니다.

이제 우리가 명심해야 할 것은 한 가지이다. 현대 경영학의 구루라고 불리우는 톰 피터스가 말한 '뛰지 않으면 죽음뿐이다.' 라는 사실이다. 가장 확실하게 튈 수 있는 길은 뭐니 뭐니 해도 남과 다른 자신만의 길을 개척하는 것이다. 톰 피터스는 자신의 저서를 통해 아무도 가보지 않은 미지의 길에 과감하게 도전하는 일이 더 중요해지는 새로운 시대의 출발선에 지금 우리들이 서 있다고 말한다.

" 지금 우리는 새로운 시대의 출발선에 있다. 또한 시대의 변화 자체도 불연속적이고 돌발적이며 선동적이다. 과거 점진적이고 안정적인 환경에서는 철저한 역할분장과 임무할당, 미리

짜여진 각본대로 움직이는 오케스트라 연주식의 업무 방식이 효율적이라 인식되었지만 신경제에서는 전혀 새로운 일, 아무도 가보지 않은 미지의 길에 과감하게 도전하는 일이 중요해지고 있다. 우리는 이제 변화의 상황에서 어떻게 연주하는 것이 사람들의 흥을 돋구고 감성을 자극할 것인지를 고민해야 한다. 즉, 오케스트라 단원에서 즉흥연주가 생명인 재즈연주가로 거듭나야 한다. ” < 톰 피터스, [Wow 프로젝트 2: 나의 일은 프로젝트다], 3쪽 >

 톰 피터스의 말보다 이 책을 옮긴이의 이 말을 통해 정해진 틀 속에서 남들과 똑같은 방식과 똑같은 일을 추구하는 것보다 남들이 한 번도 해 보지 않은 일과 새로운 방식을 추구하는 것이 더 중요해진 시대에 살고 있음을 한 번 더 깨닫게 된다.

" 겸손한 사람은 다른 사람들의 박수갈채와 최고라는 평가를

  수집하려고 애쓰지 않는다. 이들은 자신들의 가치를 잘 알고

있다. 따라서 이를 외부로부터 인정받아야 한다는 생각에 사로

잡히지 않는다."

− 마티아스 뇔케 −

제 10장. 이제 40이다. 기죽지 말고 어깨를 쫙 펴자

" 잘 살아라. 그게 최고의 복수다 "

– 탈무드 –

가슴 뛰는 인생 후반전을 위해 46. 자신을 대변할 수 있는 키워드를 하나 만들어 보자.

' 당신의 모든 것을 바칠 만한 일을 찾는 것이 삶의 비결이다. 그리고 가장 중요한 점은 당신이 이루지 못할 만한 일을 찾아야 한다는 것이다.'

조각가인 헨리 무어의 이 말처럼 우리는 우리의 모든 것을 바칠만한 일을 찾아야 한다. 그리고 그것이 자기 자신을 대변해 줄 수 있는 단 하나의 키워드가 되게 해야 한다. 그리고 가장 중요한 점은 당신이 아니라 타인이 이루지 못할 만한 일을 찾아야 한다는 것이다. 이 말은 다른 표현으로 하자면 당신만이 할 수 있는 독특한 그 무엇인가를 찾아야 한다는 것이다.

그런 점에서 당신은 하나의 브랜드인 것이다. 이 세상에는 코카콜라나 애니콜과 같은 브랜드가 두 개가 있을 수 없듯이 당신만이 가지고 있는, 당신을 대변해 줄 수 있는 브랜드를 하나 만들어야 한다.

기존의 낡은 삶을 새롭고 창조적인 삶으로 바꾸는 톰 피터스의 자기 혁신 프로젝트인 와우 프로젝트(WOW Project)는 고

립된 개인에서 연대적인 네트워크로, 수동적 직장인에서 능동적인 브랜드인으로, 주어진 업무에서 창조적인 프로젝트로의 전환을 핵심 내용으로 하고 있는 프로젝트이다.

톰 피터스는 자신의 저서인 [Wow 프로젝트 1: 내 이름은 브랜드다]에서 '내가 누구인지 확실하게 보여 주어야 한다'고 조언한다.

" 여러 말 필요 없다. '내가 누구인지'를 이해하는 것은 일종의 정신요법이다! 내 경우를 예로 들면 이렇다. " 나, 톰 피터스는 강연을 한다. 세미나를 연다. 책을 쓴다. " 너무 평범한 문구다. '경영 관련 강연'은? 좀 낫다. '세기 전환기의 직장 변화에 대처하는 방법에 관한 경영인 세미나'는? 진부하다. 그렇지만 아까보다는 정확하다.

당신은 어떤가? 예를 들어 "직장에서 성폭력 소송을 피하는 방법에 관해 25편 이상의 논문을 출판한 공인전문가. 금융서비스와 소매업 경험 풍부." 명확하다. 정확하다. 좀더 손질이 필요하지만. " < 톰 피터스, [Wow 프로젝트 1: 내 이름은 브랜드다], 83쪽, >

필자가 생각하기에는 이것도 길다. 단 하나의 키워드로 당신을 대변할 수 있어야 한다. 필자의 경우를 예로 들어 보자면, 이 것이다.

' Creative Writer '

굳이 한글로 하지 않을 때 좀 더 의미가 잘 전달되기 때문에 약 간의 무리수를 띄워서 표현하자면, '크리에이티브 작가' 라 고 할 수 있다. 왜냐하면 여러 분야를 넘나들면서 종횡무진 다 양한 저작들을 창조해 내면서 집필을 하고 출간을 하기 때문이 다.

내가 누구인지 확실하게 보여주는 키워드로 이것보다 더 정확 한 표현은 없을 것이다. 그렇다면 당신의 키워드는 무엇인가? 필자가 제안하는 것은 당신이 만약에 교사라면, 교사 앞에 당신 을 가장 잘 표현해 주는 형용사나 명사를 하나 붙여 보자는 것 이다. 만약에 당신이 최고로 무서운 교사라면, '호랑이 교사' 라고 할 때 그저 '교사' 라고 하는 것보다는 훨씬 더 잘 표현 이 된다.

그래서 한 가지 혹은 두 가지 정도의 형용사나 명사를 추가해 서 당신을 확실하게 표현할 수 있는 그런 키워드를 만들어 보

자. 필자의 경우에는 사실 3년 동안 확실하게 나를 대변해 줄 수 있는 키워드가 있었다.

" 책에 미친 남자 "

이 한마디는 필자의 지난 3년 동안을 가장 잘 대변해 줄 수 있는 키워드이다. 강호동이나 유재석은 한 마디로 '웃음 제조기' 라고 할 수 있다. 신동엽은 '명품 MC' 라고 불러도 손색이 없을 것이다. 요즘 '강남스타일'로 화제를 모으고 있는 가수 싸이는 '세계적인 튀는 가수' 라고 하면 될 것이다.

공병호 작가와 구본형 작가는 한 마디로 '한국 최초의 1인 기업가' 혹은 '성공한 1인 기업가' 라고 할 수 있을 것이다. 박경철 의사 같은 경우에는 '글도 쓰는 시골 의사' 라는 친근한 키워드 하나면 그를 잘 설명해 줄 것 같다.

당신을 대변해 줄 수 있는 키워드가 마땅한 것이 없다면, 이제부터 만들어야 한다. 이것을 만들기 위해서는 평범함에서 일단은 벗어나서 튀어야 한다. 남과 다르지 않으면 절대로 자신을 대변할 수 있는 키워드를 만들 수 없다. 우리가 자신을 대변할 수 있는 자신만의 키워드를 만들어야 하는 또 다른 이유는 이 시대가 변화의 격랑을 넘어서고 있기 때문이다.

이런 변혁의 시대에 평범한 직장인들은 더 이상 생존이 보장되지 않는 다. 평범함에서 과감하게 탈피하여 대체 불가능한 린치핀이 되어야 한다. 지금은 조직의 시대가 아니라 개인의 시대이다. 그러한 변화 속에서 개인이 살아남기 위해서는 자신을 대변할 수 있는 하나의 키워드를 발견해야 하고 만들어야 한다.

지금, 이 시대에 자신을 대변할 수 있는 확실한 키워드를 하나 가지고 있다면 그것은 당신에게 생존을 보장해 줄 수 있고, 성공을 보장해 줄 수 있다. 하지만 그것이 없다면 당신은 지금 이대로는 위험하다. 인생의 반을 살아온 40대라면 특히 더 그렇다고 할 수 있다. 그러므로 이제는 가슴 뛰는 인생 후반전을 위해 무엇보다도 자신을 대변할 수 있는 확실한 키워드를 하나 만드는 데 전력을 다해야 할 것이다.

그렇다고 해서 자신을 대변할 수 있는 키워드를 만드는 것이 그렇게 힘들고 어려운 것은 아니다. 지레짐작으로 겁을 먹고 도전도 하지 않는 사람들이 있을 수 있지만, 그것은 잘못된 판단이다. [좋은 기업에서 위대한 기업으로(원제:Good to Great)] 란 책에서 배울 수 있는 원리 중에 하나는 위대한 기업으로 도약을 하고 위대한 성과를 거두는 것이 그렇게 힘들고 어려운 것이 아니라는 것이다. 오히려 좋은 성과에 만족하지 않고 더 큰 것을 추구하며 달려 나가는 사람들이 훨씬 더 즐겁고 유쾌하게 일을 하며 지낼 것이라는 결론에 도달할 수 있게 되었다.

이 책의 저자인 짐 콜린스는 스탠퍼드 대학교에서 가르치던 제자에게서 당황한 질문을 받게 된다. 왜 굳이 힘들게 위대해져야만 하냐는 것이다. 지금도 충분히 좋은 회사에서 좋은 성과를 내고 좋은 대우를 받으면서 살고 있는 데 왜 위대한 기업이 되어야 하고, 위대한 인생을 살아야 하고, 위대한 목표를 추구해야 하냐는 것이다. 이 질문에 그는 말문이 막혔고, 적잖게 당황을 했다.

그는 자신이 가르친 학생들이 대부분 크게 성공할 것이라고 믿어 의심치 않는 그런 유능한 친구들임에도 그들 중에 일부는 크고 영속적인 뭔가를 만들고자 하는 생각 자체를 문제 삼고 있다는 사실에 대해 두 가지 답을 주었다.

" 나는 두 가지 답을 줄 수 있다.
첫째로, 나는 뭔가 큰 great 것을 만드는 일이 좋은 good 것을 만드는 일보다 결코 더 어렵지 않다고 믿는다. 큰 것에 도달하는 경우가 통계상으로는 더 드물겠지만, 그것이 평범한 것을 지속시키는 것보다 더 많은 고통을 요구하진 않는다. 사실, 우리 연구의 일부 비교 기업에서 보다 적은 고통과 아마도 보다 적은 일에 대한 암시를 발견할 수 있었다. 연구 결과물들의 아름다움과 힘은, 그것들이 우리의 능률을 높이면서도 삶을 획기적으로 단순화할 수 있다는 것이다. (무엇이 매우 중요하고 무엇이 그렇지 않은가에 대한) 단순 명쾌함에는 큰 즐거움이 있다. ....

　분명히 나는 좋은 조직에서 위대한 조직으로의 도약이 쉽다거나, 모든 조직이 다 전환에 성공할 거라고 말하고 있는 건 아니다. 이론상으로도 모두가 평균 이상이 되는 건 가능하지 않다. 그러나 나는 지금 좋은 조직을 위대한 조직으로 전환시키려고 애쓰는 사람들이 그 추진 과정에서 느끼는 고통이나 피곤함이, 조직을 그저 평범한 상태에서 마냥 버둥거리도록 만드는 사람들의 고통이나 피곤함보다 결코 더하지 않다고 주장하고 있다. 좋은 조직을 위대한 조직으로 전환시키는데 에너지가 투입되는 건 맞지만, 추진력이 쌓여 감에 따라 연못 속에서 빠져나가는 것보다 더 많은 에너지가 연못 속으로 되돌아온다. 반대로, 평범한 상태가 계속 이어지는 것은 본질상 침체되는 과정으로서, 연못 속으로 되돌아오는 것보다 훨씬 많은 에너지가 연못 밖으로 빠져나간다.

그러나 왜 위대해져야 하는가 하는 물음에 대한 두 번째 답이
있는데, 이것이 바로 처음에 우리로 하여금 이 거대한 프로젝트
에 착수하도록 발동을 건 핵심에 있는 답이다. 즉 의미를 찾는
것, 더 정확하게 말하자면 의미 있는 일을 찾는 것이다. " <
짐 콜린스, [좋은 기업에서 위대한 기업으로], 322 ~ 324 쪽
>

결론은 우리가 정말 관심이 있고, 열정을 느낄 수 있는 일을 하
게 되면, 그것을 크고 훌륭하게 만들려고 노력하지 않는 걸 상
상하기란 불가능하다. 자신을 대변할 수 있는 키워드를 하나 만
들 수 있는 최선의 방법은 자신이 사랑하는 일을 하는 것이다.
자신이 사랑하고 열정을 느끼는 일을 할 때 최고로 잘 하고자
하는 내적 동기가 생기지 않는 사람이 있다면 그 사람이 이상한
사람인 것이다. 그런 점에서 짐 콜린스는 진짜 문제는 '왜 위
대해져야 하나?'가 아니라 '어떤 일이 나로 하여금 그걸 위
대하게 해내고 싶도록 하느냐?' 하는 것이라고 조언해 준다.

40대가 될 때 까지 자신을 대변할 수 있는 그럴듯한 키워드가
하나도 없다면 그것은 당신이 게으르거나 무능력하기 때문이
아니다. 그것은 당신이 열정을 느끼지 못 하는 잘못된 일을 선
택하고 그것을 하였기 때문이다. 그러므로 자신을 대변할 수 있

는 키워드를 하나 만드는 일은 자신의 일을 새롭게 선택하는 것과 매우 밀접한 관계가 있다. 많은 사람들이 40대를 전후해서 다니던 직장을 그만두어야 하고, 심한 회의를 느낀다. 그렇기 때문에 어떻게 보면 40대의 위기는 새로운 기회이다.

40대 때 지금까지 해 오던 일들, 자신이 전공했던 일들과 전혀 다른 일을 용감하게 선택하여 일가를 이루고 큰 부와 명예를 획득한 사람들이 적지 않은 이유가 바로 여기에 있다. 40대는 당신을 대변할 수 있는 멋진 키워드를 하나 만들 수 있는 최고의 시기이다.

가슴 뛰는 인생 후반전을 위해 47. 자신의 임계점을 훌쩍 뛰어 넘어 보자.

가슴 뛰는 인생 후반전을 위해 40대에 하지 않으면 안 될 50가지 중에 첫 번째가 1000권의 책을 3년 목표로 독파하라는 것이었다. 그리고 47번째가 자신의 임계점을 훌쩍 뛰어넘어 보자는 것이다.

이처럼 이 책의 첫 장을 독서와 책에 대한 이야기로 시작했다. 거기에서는 독서를 왜 해야 하는 지에 대해 이야기했다면, 여기에서는 왜 임계점을 뛰어 넘어야 하는 지에 대해 이야기를 하고자 한다.

우리 주위에 보면 독서를 많이 했지만 인생이 그다지 변화되지 않고, 성공하지도, 부자가 되지도 않은 사람들이 적지 않다. 그렇다면 독서가 효과가 없는 것이 아닌가? 라고 반문하는 사람이 생길 수 있다. 정작 독서를 평생 동안 꾸준히 해 온 사람들도 이런 말을 하는 사람이 있다.

" 평생 독서를 꾸준히 해 왔는데, 왜 나는 부자가 되지도 못하고, 성공하지도 못 하는 것입니까?"
" 옛말에 독서를 하면 돈이 생기고 양식이 생기고 이쁜 여자와 결혼할 수 있다고 했는데 왜
자기 자신은 하나도 이룬 것이 없습니까? "

이렇게 탄식하면서 질문하는 사람이 적지 않다. 그때마다 필자는 이러한 것들을 생각하게 된다. 실제로 독서를 해서 부자가 되고 성공한 사람들도 많다. 하지만 독서를 해도 성공하거나 부

자가 되지 못한 사람들도 많다. 그 이유, 그 차이에 대해서 '임계점의 돌파 여부'에 달려 있다고 말해 주곤 한다.

독서를 하든, 일을 하든, 무슨 연습이나 훈련을 하더라도 임계점을 돌파해야 가시적인 효과가 눈에 보이고, 그 차이점을 알게 된다. 그래서 우리는 우리 자신의 임계점을 인생을 살면서 한두 번 정도는 반드시 돌파해 보는 그런 경험을 가져야 한다. 바로 그렇게 될 때 자신도 모르게 어느 순간 훌쩍 성장해 버린 자신과 만나게 되고, 마주치게 되기 때문이다.

육체적인 키는 하루에 조금씩 눈에 띄지 않게 크기 때문에 인식하기 쉽지 않다. 하지만 어느 순간 키가 훌쩍 커져 있는 자신을 발견하게 된다. 하지만 정신적인 의식과 사고의 도약은 매일 조금씩 성장한다기 보다는 임계점을 넘는 순간 한 번씩 도약을 하게 된다고 말해야 옳을 것이다.

물통에 물이 넘치는 원리와 비슷하다. 처음에는 물을 아무리 받아도 물통이 넘치지 않는 다. 우리가 볼 수 있는 것은 물 통 안에서 차곡차곡 높아지는 수위가 아니라 물통에서 물이 넘치게 되는 그것이다. 우리는 물통 밖에 있고, 물통은 우리의 키보다 크다고 생각해 보라. 아무리 물을 부어도 물이 넘치지 않기 때문에 우리는 조바심을 내고, 실제로 물이 물통에 모아지고 있는 것인지 알지 못한다.

우리의 의식과 사고도 이와 같다. 눈으로 볼 수 없기 때문이다. 그런데 만약에 물통의 99%를 다 채우고 나서 마지막 물 한 통을 채우지 않아서 그 순간에 포기하고 멈추게 되는 사람은 물통의 그 임계점, 바로 직전에 포기하는 것과 같다.

물을 끓여서 라면을 해 먹기 위해서도 반드시 100도까지 끓여야만 한다. 아무리 매일 물을 끓인다고 해도 99도에서 멈추고, 내일 다시 물을 끓이지만 여전히 90도 정도에서 멈추는 행동을 평생 반복하는 사람이 어디 있을 까? 하지만 독서의 세계에서는 이런 사람들이 대부분이다.

오늘 조금 읽고, 또 내일 조금 읽는다. 그렇게 평생을 반복해서 책을 읽은 시간과 양은 적지 않다. 하지만 독서의 임계점을 돌파해 본 적이 한 번도 없게 되는 것이다. 그런 점에서 위대한 위인들을 살펴보면 물을 끓일 때 쉬지 않고 집중적으로 가열하는 것처럼 어떤 시간에 집중적으로 독서를 하는 경험이 반드시 있었다는 사실을 알게 된다.

안철수 교수의 경우에는 중학교 때를 전후해서 아마도 평생 읽을 책의 반 이상을 집중적으로 읽은 적이 있고, 에디슨의 경우에도 도서관의 책을 전부 집중적으로 읽은 경험이 있고, 마오쩌둥의 경우에도 6개월 동안 도서관에서 살다시피 하면서 집중적으로 독서를 한 경험이 있고, 소프트 뱅크의 손정의 회장의 경우에도 병상에서 3년 정도 집중적으로 독서를 하여 4천 권 정도의 책을 독파한 적이 있고, 교보문고의 신용호 회장의 경우에도 초등학교도 졸업하지 못 했지만 중학생이 될 나이에 3년 동안 '천일독서'라고 하여 집중적으로 독서만 한 적이 있고, 이랜드 그룹의 박성수 회장 역시 병상의 2년 6개월 동안 3천 권의 책을 독파한 적이 있다.

뿐만 아니라 민들레 영토의 지승룡 사장도 인생의 중년시절에 이혼하고 방황하면서 인생의 밑바닥 시절에 백수가 되어 3년 동안 도서관에서 2천 권의 책을 독파하는 집중적인 독서 기간을 가졌고, 일본과 한국에서 [20대에 하지 않으면 안 될 50가지] 란 책으로 베스트 셀러 작가의 반열에 오른 나카타니 아키히로도 대학 시절에 4000권의 책을 독파한 경험이 있고, 도올 김용옥 교수 역시 병상에서 서점에 있는 책을 다 읽어 버린 경험이 있다.

왕따들 중에 위대한 인물들이 많은 이유를 살펴보면 그들은 왕따이기 때문에 언제나 책에 몰두하게 되어 있고, 그로 인해 독서를 엄청나게 하게 되고, 그 결과 독서의 임계점을 뛰어 넘어 버리게 되기 때문이다. 나폴레옹이 그런 인물로 대표적이라고 할 수 있다. 유년시절부터 책방의 책을 다 삼켜버릴 정도로 지독하게 독서를 하는 습관이 자연스럽게 생겼고, 이러한 습관은 그로 하여금 큰 인물이 될 수 있도록 해 주었던 것이다.

그의 어린 시절은 친구 한 명 없는 고독한 시기였고, 그러한 외톨이 신세는 오래 지속 되었다. 그가 9살 때, 프랑스 왕립 군사학교에 입학하게 되었다. 하지만 그 때부터 그는 '촌뜨기' 라며 놀림을 당했고, 신장이 너무 작았고, 얼굴빛은 창백했고, 매우 말랐다. 그 뿐만 아니라, 자신이 태어난 작은 섬 코르시카의 사투리가 너무 심했다. 그러한 호감 가지 않는 외모와 사투리 때문에 그에게는 친구가 한 명도 없었다.

하지만 그의 인생에서 그러한 환경은 오히려 독이 아니라, 약이 되었던 것이다. 그는 친구가 한 명도 없었기 때문에, 헛간 같은 데에 파묻혀 책에 미칠 수가 있었던 것이다. 그 때, 그는 엄청난 책을 독파하게 되었고, 그 결과 영웅 나폴레옹이 탄생하게 되었던 것이라고 볼 수 있다.

" 나폴레옹은 유년 시절부터 책방의 책을 온통 다 삼켜 버릴 듯이 책을 읽었다고 한다. 그것도 군인에게 필요한 전문적인 전술 서적이나 포술(砲術) 서적뿐만이 아니고 역사, 지리, 수학, 법률, 문학 등 각계 각 분야에 걸친 책을 읽었던 것이다. 수학은 학생 시절부터 그가 잘하는 과목으로 세인트헬레나 섬으로 가는 도중의 배 안에서도 문제 푸는 일에 열중했었다고 한다. 법률 분야에서는 근신 명령을 받았을 때 하루 만에 6세기에 저술된 유럽 각국의 법률의 원전(原典)이라고 하는 대저(大著),유스티니아누스(Justinianus)의 <법전(로마법 대전)>을 독파했다고 한다. 후에 새로운 헌법과 민법을 기초할 때 쭉 늘어져 있던 법률학자들에게 지지 않을 정도의 법률 지식을 피력할 수가 있었던 것도 그와 같은 독서 덕분이었다.

이렇듯 나폴레옹은 유년 시대부터 생애 마지막에 도달할 때까지 탐욕스러운 독서가였다. 특히, 독서에 열중한 것은 파리의 육군 사관학교를 졸업하고 군대에 복무하기 시작한 16세 때부터 수년 동안의 일이었다. 이 시기에 집중적으로 독서하는 습관을 몸에 익히게 되면 평생을 두고 책과 떨어질 수 없는 모양이다. "

< 출처: 이원용, [세계를 움직인 12인의 천재들], 을유문화사, 109~110쪽 >

이처럼 독서를 통해 위대한 인생의 도약을 경험한 사람들의 가장 큰 공통점은 독서를 일정 기간 안에 집중적으로 하여 자신의 임계점을 훌쩍 뛰어 넘은 경험을 가지고 있다는 것이었다. 마치 물을 집중적으로 쉬지 않고 끓일 때 100도가 넘어가는 것처럼 말이다. 이런 이유에서 우리는 독서뿐만이 아니라 무엇을 하더라고 집중적으로 쉬지 않고 하는 기간이 있어야 한다. 그래서 임계점을 돌파해 내고 나서 쉬어도 쉬어야 한다는 것이다.

무엇을 해도 큰 성과를 거두지 못 하는 사람들이 있다. 이런 사람들의 가장 큰 공통점은 집중적으로 일정 기간동안 모든 에너지를 그것을 위해 쏟아붓지 않는 다는 것이다. 무엇을 하든, 자신의 모든 에너지를 한 가지를 이루기 위해 쏟아 부을 때 임계점을 비로소 돌파해 낼 수 있는 것이다.

바로 이런 이유에서 '불광불급 不狂不及'이란 말이 진리인 것이다. 어떤 일을 하든 그것에 완전하게 미치는 사람이 결국 그것을 이루게 되는 것이다. '미쳐야 미친다' 라는 말의 가장 큰 효과는 '임계점을 가장 쉽게, 가장 확실하게 돌파할 수 있게 해 준다는 것' 이다.

성공을 하기 원한다면, 부자가 되기 원한다면, 무엇인가를 목표하는 바를 이루기를 원한다면 우리는 그 일에 미쳐야 한다. 그것도 제대로 미쳐야 한다. 뭔가에 미치지 않고는 그것을 이룰 수 없다. 그리고 그 이유는 뭔가에 미쳐야 우리의 모든 에너지와 정신과 마음과 신념과 의지를 한 가지에 오롯이 집중시킬 수 있고, 불필요한 일들을 하지 않을 수 있게 된다. 그 결과 임계점을 돌파할 수 있게 된다. 결국 성공의 비결은 임계점을 돌파하는 것이라고 할 수 있다.

어제와 다른 눈부신 삶을 살기 위해서 우리에게 필요한 것은 자신을 뛰어넘어야 하는 것이다. 그것은 우리의 눈부신 삶을 방해하는 가장 큰 적은 바로 자기 자신이기 때문이다. 이 세상의 그 어떤 것도 우리 자신에 대해 한계를 명확하게 지을 수 없다. 오직 자기 자신만이 자신이 한계를 명확하게 그을 수 있다. 그런 점에서 그 어떤 외부 환경이나 조건도 자기 자신이 스스로 정해놓은 한계를 넘어서거나 약하게 할 수 없다.

결국 우리는 우리 스스로 정해놓은 성공의 크기, 인생의 크기 안에서 살아가는 존재이다. 그러므로 우리는 어제 정해놓은 자신의 크기를 오늘은 뛰어넘어야만 발전과 성장과 도약이 가능한 존재이다. 그래서 우리는 모두 우리 자신을 뛰어 넘으면서 살아가는 존재라고 할 수 있는 것이다.

특히 40년 동안 스스로 정해놓은 자기 자신의 크기가 확고한 40대 중년에게는 이것이 무엇보다 더 중요하다. 특히 지금까지와는 전혀 다른 삶을 살고 싶다면 이것이 더욱 더 필요한 것이다. 우리의 인생을 결정짓는 것은 결국 우리의 생각이다. 우리의 생각이 우리의 한계를 결정짓기 때문이다. 그 한계를 넘어설 때 우리는 새로운 사람이 될 수 있고, 새로운 인생을 살아 갈 수 있게 된다.

자신이 어제까지 스스로 만들어 놓은 한계를 뛰어넘는 것이 또한 자신의 임계점을 돌파해 내는 것과 다르지 않다. 가슴 뛰는 인생 후반전을 위해서 우리는 우리 자신을 뛰어 넘어야 한다.
가슴 뛰는 인생 후반전을 위해 48. 담대하고 위험하고 파격적인 꿈을 꾸어 보자.

짐 콜린스에 대한 이야기가 나왔으니 조금 더 그의 이야기를 해 보자. 그가 쓴 책인 [좋은 기업에서 위대한 기업으로(원제:Good to Great)]를 보면 위대한 기업으로 도약을 성공하는 기업들의 가장 큰 특징은 바로 '만족하지 않는 것' 이었다.

수많은 위대한 기업으로 도약이 가능했던 좋은 기업들이 위대
한 기업으로 도약을 하지 못 한 최대의 이유가 바로 좋은 것에
만족했기 때문이라고 그는 자신의 책의 첫 장에 밝혔다.

" 좋은 것good은 큰 것great, 거대하고 위대한 것의 적이다.

그리고 거대하고 위대해지는 것이 그토록 드문 이유도 대개
는 바로 그 때문이다.

거대하고 위대한 학교는 없다. 대개의 경우 좋은 학교들이 있
기 때문이다. 거대하고 위대한 정부는 없다. 대개의 경우 좋은
정부가 있기 때문이다. 위대한 삶을 사는 사람은 아주 드물다.
대개의 경우 좋은 삶을 사는 것으로 만족하기 때문이다. 대다수
의 회사들은 위대해지지 않는다. 바로 대부분의 회사들이 제법
좋기 때문이다. 그리고 그것이 그들의 주된 문제점이다. " <
짐 콜린스, [좋은 기업에서 위대한 기업으로], 19쪽 >

우리가 담대하고 위험하고 파격적인 꿈을 가져야 하는 이유가
바로 여기에 있다. 우리가 담대하고 위대하고 파격적이면서도
거대한 꿈을 가질 때 우리는 쉽게 만족하지 않을 수 있기 때문
이다.

대부분의 사람들이 위대한 인물, 위대한 인생, 위대한 성과를 창출하지 못 하는 이유는 그들이 위대하지 않아서가 아니다. 또한 그 이유가 그들에게 위대한 일을 해 낼 수 있는 능력이 부족해서도 아니다. 또한 그 이유가 그들에게 인내심이나 의지가 약하기 때문이 아니다. 그 이유는 단 한 가지, 그들은 너무 쉽게 만족해 버린다는 것이다. 그래서 위대한 인생을 살기 위해서는 절대로 작은 것, 좋은 것에 만족해서는 안 된다. 그리고 그렇게 하기 위해서 가장 필요한 것은 거대한 꿈, 거대한 목표, 거대한 생각이어야 한다.

' 행백리자 반어구십 行百里者 半於九十 '

' 100리 길을 가는 사람은 구십리를 절반으로 삼으라.'

중국 시경에 나오는 이 말도 우리에게 쉽게 만족해서는 안 되며, 높고 크고 위대한 목표를 가져야 한다는 사실에 대해 은유적으로 잘 표현해 준 말이다. 짐 콜린스는 자신의 똑같은 책에서 위대한 기업으로 도약한 기업과 사람들이 가지고 있는 공통점에 대해서 잘 설명해 주었는데, 그러한 공통점들 중에 하나가 두려워하지 않는 담대한 마음이다.

다시 말해, 위대한 인생을 살지 못 하는 이유 중에 하나가 남에게 뒤처진다는 사실에 대한 두려움 때문이라고 할 수 있다. 위대한 기업으로 도약을 한 사람들은 모두 그러한 두려움을 전혀 가지지 않는 사람들이라는 사실을 그는 발견해 낸 것이다. 그렇기 때문에 우리는 담대한

꿈을 가져야 하는 것이다. 그가 설명한 내용을 살펴보자.

" 좋은 회사를 위대한 회사로 도약시킨 사람들은 두려움에 자극받지 않았다. 자기들이 알지 못하는 것에 대한 두려움 때문에 움직이지는 않았다. 바보처럼 비치지 않을 까 하는 두려움 때문에 움직이지는 않았다. 자기들이 못하는 사이에 남이 빅히트를 치는 것을 지켜보는 두려움 때문에 움직이지는 않았다. 경쟁자에게 한 방 얻어맞지 않을 까 하는 두려움 때문에 움직이지는 않았다.

좋은 회사를 위대한 회사로 전화시킨 사람들은 순수한 탁월성 그 자체를 향한 창조적 욕구와 내적 강제에 의해 움직였다. 그에 반해서, 평범한 회사를 만들고 영원히 그 상태로 머물게 하는 사람들은 오히려 뒤처지는 것에 대한 두려움 때문에 움직였다. " < 짐 콜린스, [좋은 기업을 넘어 위대한 기업으로], 259쪽 >

우리가 담대하고 위험하고 파격적인 꿈을 가지게 될 때, 우리는 뒤처지는 것에 대한 두려움에서 벗어날 수 있다. 우리는 전진 아니면 퇴보를 향하게 되기 때문이다. 흐르는 강물에서 멈추어 있을 수는 없다. 그리고 흐르는 강물에서 두려움을 가지고 움직인다는 것은 결국 평범한 회사를 만들고, 자신을 평범한 사람으로 전락시키게 되는 원인을 제공해 준다. 빠르게 변하는 세상일수록 담대하고 위험하고 파격적인 꿈이 반드시 필요하다.

끊임없이 빠르게 변하는 세상에서 가장 필요한 것은 '크고 위험하고 대담한 목표(BHAGs: Big, Hairy, Audacious Goals)'이다. 짐 콜린스는 자신의 또 다른 저서를 통해 성공하는 기업들의 8가지 습관에 대해 말한 적이 있다. 그가 밝힌 8가지 습관 중에 하나가 바로 이것이었다.

성공하는 기업들은 반드시 '크고 위험하고 대담한 목표'를 가지고 있었다는 것이다. 성공하는 위대한 기업들뿐만 아니라 위대한 사람, 위대한 국가들은 모두 이와 다르지 않다. 그는 미국이 위대한 국가로 도약하는 데 가장 결정적인 요인이 바로 '크고 위험하고 대담한 목표'였다는 사실에 주목했다.

" 모든 회사가 목표를 가지고 있다. 그러나 단순히 목표를 가지고 있는 것과, 높은 산에 오르는 것처럼 거대하면서도 강한 도전에 전력투구하는 것과는 차이점이 있다. 1960년대의 달 정복 계획을 생각해 보라. 케네디 대통령과 보좌관들은 회의실에서 "우주 계획을 보강합시다." 또는 다른 빈말을 했을 수도 있다.

1961년 달 정복 계획의 성공 가능성에 대한 과학적 평가 중 가장 낙관적인 것이 50대 50이었고, 사실 대부분의 전문가들은 더 비관적이었다. 그럼에도 불구하고 의회는 1961년 5월 25일 케네디 대통령의 "우리나라는 금세기가 가기 전에 달에 사람을 착륙시키고 무사히 귀환시키는 목표를 반드시 달성해야 합니다."라는 선언에 동의했다. 주어진 여건을 고려해 볼 때 그런 대담한 선언은 당시에는 굉장한 것이었다. 그러나 그것은 1950년대와 아이젠하워 시대 이래로 휘청거리는 미국을 활발히 전진시키는 그런 강력한 수단의 일부분이 되었다.

달 정복 계획과 마찬가지로 진짜 BHAGs는 명확하고 강력하며 힘을 한 곳으로 모으는 중심점 역할을 한다. 가끔 거대한 팀 정신을 만들어 내기도 한다. 그것은 조직이 언제 목표를 달성했는지 알 수 있도록 뚜렷한 결승점을 가지고 있다. " < 같은 책, 139쪽 >

크고 위험하고 담대한 목표를 가지고 있는 사람과 가지고 있지 않은 사람은 자세부터 다를 수밖에 없다. 크고 위험하고 담대한 목표, 즉 BHAGs는 우리의 정신을 한 곳으로 집중시키고, 활력이 넘치게 하고, 피가 끓게 해 주고, 가슴이 뛰게 해 준다. 불필요하고 복잡한 일들을 멈추게 해 주고, 오직 한 가지 일에만 집중할 수 있게 해 준다. 그 결과 보통 사람들도 크고 위험하고 담대한 목표를 가지고 있을 때 위대한 성과를 창출해 낼 수 있다. 반대로 능력이 출중한 사람일지라도 크고 위험하고 담대한 목표를 가지고 있지 않을 경우, 자신의 아까운 능력과 에너지를 여러 가지 사소한 일들과 불필요한 일들에 분산시키기 때문에 평범한 일들도 해내지 못 하게 되는 것이다.

바로 이것이 우리가 크고 위험하고 담대한 목표를 가져야만 하는 이유이다. BHAGs는 낙숫물이 바위를 뚫는 이치와 같은 원리를 담고 있다. 우리의 생각, 정신, 관심, 에너지, 능력을 모두 하나의 지점을 향하게 해 준다. 그것이 가장 큰 위력을 발휘해 내는 것이다. 조직이나 기업, 심지어 미국을 성장시킨 달에 사람을 보내는 목표와 같은 크고 위험하고 담대한 목표는 장황하고 의미 없고 기억하기 힘든 그런 사명 선언서가 아니어야 한다. 간결하고 이해하기 쉬워야 한다. 그래야 모든 사람들이 그 목표만 듣고도 쉽게 모든 것을 이해할 수 있어야 한다. 쉽게 이해된다는 것은 우리의 뇌가 그만큼 쉽게 각인될 수 있다는 것을 의미한다.

 당신의 조직의 리더라면, 비전을 제시할 때 반드시 쉽고 간결한 목표를 제시해야 한다는 것을 의미한다. 그리고 그 목표는 또한 크고 위험하고 담대한 목표여야 한다. 그래야 모든 조직원들이 한마음 한뜻이 되어 그 목표에만 집중할 수 있게 해 줄 수 있기 때문이다.

 " 대중을 위하여 자동차를 만들자. 돈 버는 사람이라면 누구나 한 대를 소유할 수 있는, 그래서 멋진 곳에서 가족과 함께 즐거운 시간을 가질 수 있도록 아주 저렴한 자동차를 만들자. 모든 사람들이 한 대씩 살 수 있을 것이다. 고속도로에서 마차가 사라질 것이고, 자동차는 당연한 것으로 받아들여질 것이다."

 헨리 포드는 1907년 그 당시에는 정말로 크고 위험하고 담대한 목표인 '모든 사람들이 한 대씩 자동차를 이용하게 할 것'이라는 목표를 선언했다. 그 결과 위대한 성과를 창출하게 되었던 것이다. 이러한 담대하고 위험하고 큰 목표를 포드가 선언했을 때는 미국에 30개가 넘는 많은 자동차 회사들이 경쟁하던 그런 시기였고, 포드 사는 그러한 수많은 회사들 중에 하나에 불과했다. 그 당시에 어떤 회사도 명백한 업계 선두 주자는 아니었다.

이제 막 커 가는 혼란스러운 산업 분야가 바로 자동차였고, 30개가 넘는 회사들이 1위를 하기 위해 치열한 경쟁을 하던 시절이었다. 이 시절 포드의 시장 점유율은 겨우 15% 밖에 되지 않았다. 하지만 헨리 포드가 담대하고 크고 위험한 목표를 선언한 이후 다른 회사들인 시장 점유율이 20%에서 10%로 감소하는 반면에 포드사는 업계 1위 자리로 명백하게 부상하게 되었다.

'많이 즐기지도 못하고 그렇다고 뼈아픈 고통도 겪어 보지 못한, 영혼이 가난한 자들과 겨루기보다는 실패하는 한이 있더라도 위험을 무릅쓰고 큰 것을 추구하여 빛나는 승리를 거두는 것이 훨씬 더 낫다.'

시어도어 루스벨트의 이 말처럼 실패하는 한이 있더라고 위험을 무릅쓰고 큰 것을 추구하여 빛나는 승리를 거두는 것이 훨씬 낫다. 그러므로 우리는 크고 위험하고 담대하고 파격적인 꿈을 꾸어야 할 필요가 반드시 있다.

삼성은 역시 크고 담대하고 위험한 목표를 통해 성장한 기업이라는 사실을 우리는 알아야 한다. 30년 전에는 삼성은 이 세상에 이름이 나지 않았던 무명의 기업이었다. 그 당시 세계 초일류 기업이었던 소니와는 비교도 되지 않을 정도의 작은 기업이었다.

필자는 그 당시의 삼성을 이류 기업, 삼류 기업이라고 말하고 싶다. 실제로 삼성은 그랬다. 삼성의 그러한 모습을 잘 알 수 있는 대목들을 [이건희]란 책에서 쉽게 찾아 볼 수 있다.

"삼성전자에는 삼성병이 있다. 소비적이며 비계획적이고, 철저하지도 구체적이지도 못하다. 마이크로micro와 매크로macro도 구분하지 못한다. 삼성병을 고치지 못하면 삼성은 망한다.

"오늘날은 디자인의 시대인데도 불구하고 삼성 사람들은 패션 디자인에만 집착할 뿐 공업디자인이나 상품디자인은 이해하지 못하고 있다. 새로운 상품을 생산할 때 아직도 상품기획서가 없는 회사가 삼성이다." < 홍하상, [이건희], 한국경제신문, 125~126쪽 >

이렇게 형편없는 회사의 임직원들에게 이건희는 다음과 같은 크고 위험하고 담대한 목표를 제시했던 것이다. 그것이 바로 최고의 삼성의 성공 비결이라고 할 수 있다. 그가 신경영 선언 당시 했던 말들을 정리한 삼성 사내교육 자료인 [삼성 신경영] 속에 들어 있는 그의 말을 통해 알 수 있다.

"초일류 기업으로 가는 길이 아무리 험난하고 힘들다 할지라도 그것은 우리가 반드시 이룩하여 후세에 넘겨주어야 할 지고의 가치이자 목표다. 나는 이 목표의 실현을 위해 나의 생명과 재산 그리고 명예를 다 바칠 것을 분명히 약속한다."

이 말 속에는 그의 확고하고도 담대한 목표와 불굴의 의지가 담겨 있다. 성공을 하기 위해 가장 필요한 것은 피를 끓게 하는 담대한 목표이다. 그러한 목표가 없다면 우리는 절대 성공할 수 없다.

르네상스 시대에 위대한 천재 예술가인 미켈란젤로는 이러한 사실을 잘 알고 있었다. 그가 위대한 시스티나 성당의 천장화인 [천지창조]를 그릴 수 있었던 것은 그가 남들보다 높은 목표를 잡았기 때문이다.

"대부분의 사람들에게 가장 위험한 일은 목표(目標)를 너무 높게 잡고 거기에 이르지 못 하는 것이 아니라, 목표를 너무 낮게 잡고 거기에 도달하는 것이다."

그의 말처럼, 목표를 너무 낮게 잡기 때문에 대부분의 사람들은 위대한 일을 해 낼 수 없는 것이지, 능력이나 재능이 부족하기 때문에 위대한 일을 하지 못하는 것은 아니다. 이런 점에서 이건희가 초일류 기업으로의 성장이라는 높은 목표를 잡은 것은 매우 잘한 일이라고 할 수 있다. 그러한 담대하고 높은 목표가 삼성의 임직원들에게 주어지지 않았다면, 삼성의 모든 임직원들은 국내 1위에 만족하며, 다른 많은 기업들이 그랬듯이 그 자리에 안주했을 것이다.

가슴 뛰는 인생 후반전을 위해 49. 이제 40이다. 기죽지 말고 어깨를 쫙 펴자.

인생의 산전수전을 다 겪은 우리들이 명심해야 할 것은 우리가 생각하는 것만큼 인생에서 중요한 일들은 많지 않다는 것이다. 즉 문제는 늘 우리의 마음이라는 것이다. 우리는 사소한 것들에 너무 많은 신경을 쓰고 너무 많은 에너지를 쏟아붓고 너무 많은 시간을 낭비한다. 그 결과 정작 중요한 것들에는 신경을 쓰지 못한다는 것이다.

중요한 것이라고 하는 것은 열심히 일하고 그래서 좀 더 큰 성공을 하거나 좀 더 많은 돈을 버는 것을 의미하지는 않는다. 인생에서 그것들은 필요한 것이고, 그렇게 되면 나쁘지 않고 좋을 수 있지만 그것이 인생에서 중요한 것은 아니다.

철학자 플라톤은 <소크라테스의 변명>에서 이런 말을 한 적이 있다.

" 내 유일한 일이란, 당신의 나이가 많고 적음에 상관없이 이 길로 당신에게 달려가, 당신이 마음에 대해 신경 쓰는 것만큼 몸이나 재산에 신경 쓰지 않도록 설득하는 것이다. 그리하여 마음을 가급적 좋은 상태로 만드는 것이다."

플라톤에게 조금 더 중요한 것은 몸이나 재산이 아니라 마음이었다는 사실을 우리는 이 대목을 통해 배울 수 있다. 인생의 쓴맛과 단맛과 더러운 맛과 치사한 맛을 다 본 40대들에게 가장 중요한 것은 몸이나 재산이 아니라 마음이다. 마음이 잘못 되면 남은 인생의 후반전을 제대로 살아갈 수 없다.

20대와 30대는 우리의 마음이 그렇게 정형화 되거나 고착화 되지 않을 뿐만 아니라 마음의 기능과 역할이 매우 적다. 그런 점에서 10대나 20대 때는 정말 마음껏 방황하면서 마음껏 살아도 된다. 왜냐하면 그 때는 이미 삶의 길이 어느 정도 정형화 되어 있다. 10대는 학교를 다니면서 그저 열심히 공부하면 된다. 의식과 사고의 수준이 굉장히 높다고 해도 별로 크게 달라질 것은 없다.

20대 때도 10대 때와 다르지 않다. 대학을 가고, 취업 준비를 하고, 군대를 갔다 오면 20대의 거의 대부분이 사라진다. 그렇기 때문에 이 세상이 정해놓은 삶의 방식을 따라 가는 시기가 10대와 20대 때이다. 30대 때가 되면 힘들게 구한 직장에서 고군분투하면서 인생의 모든 맛을 경험한다. 그 10년의 세월은 어떻게 보면 인생의 남은 후반전을 위해서 인생이 어떤 것인지를 경험하게 되는 그런 군대의 훈련소와 같은 것이라고 생각할 수 있다. 연기를 하는 배우들에게는 리허설과 같은 것이다.

그렇게 살면서 40대가 되면, 이제부터는 각개전투가 시작된다. 그 누구도 40대에게 어떤 삶을 어떻게 하면서 무엇을 선택하고 살라고 조언해 주지 않는 다. 40대의 마음은 가장 인생의 절정이라고 할 수 있다. 가장 현명한 판단을 할 수 있고, 가장 용감한 생각을 할 수 있고, 가장 놀라운 의식을 가지고 있을 때이다. 그리고 무엇보다 이때부터 정해진 삶의 방식은 없다. 인류의 평균 수명이 이렇게 길어진 것은 최근의 일이기 때문이다.

만약에 인류의 평균 수명이 지금처럼 80을 넘은 경우가 백 년 정도만이라도 일찍이 이루어졌다면 수많은 인생 선배들이 40이 되었을 때 보통 어떤 삶을 살고, 50이 되었을 때 또 어떤 삶을 살며, 60과 70일 때 무엇을 준비하는 것인가에 대해 어느 정도의 정형화가 되어 있을 수도 있었을 것이다.

하지만 우리가 그 선구자가 되어야 한다. 그래서 우리가 지금 심하게 겪고 있는 많은 사회적 문제들은 모두 우리가 좋은 선례를 보여 주어야만 우리의 자녀들과 손자손녀들이 그것을 보고 길을 잃지 않고 살아갈 수 있게 될 것이다.

무엇보다 중요한 것은 우리가 인생 후반전을 가슴 뛰는 삶으로 장식하기 위해서는 우리의 마음이 상처를 입었거나 움츠러들게 해서는 안 된다는 사실이다. 우리의 마음이 움츠러들게 되면 우리는 한 없이 작은 존재로 평생 살아갈 수밖에 없다. 그것은 정말 한 끗 차이이다.

살다가 힘들 때가 있게 마련이다. 그 때 움츠러드는 생각을 하고, 그렇게 행동한 사람들은 그것이 습관이 되어 버린다. 그렇게 되면 아무리 그것에서 벗어나려고 해도 불가능하게 된다. 그렇기 때문에 살다가 힘들 때가 되었다고 생각이 들면, 더 더욱 당당하게 생각하고 행동해야 한다. 그리고 그러한 당당함이 자신의 습관을 형성하도록 해야 한다.

어떤 일에도 기죽지 않고 당당하게 살아가기 위해서 우리에게 가장 필요한 것은 자유하는 마음이다. 당신은 그 어떤 것에도 자유 할 수 있는 자유로움이 있는 가? 우리가 기가 죽고 움츠러드는 이유는 뭔가에 연연한다는 것을 의미한다.

공부를 많이 하지 못 해서 가방끈이 짧은 사람들은 자신이 공부를 많이 하지 못 했다는 사실에 사로 잡혀서 평생 공부를 많이 한 사람들 앞에서 기가 죽는 다. 자신의 학벌과 학식의 부족함에 연연하기 때문이다. 자신이 공부를 많이 못 했다고 해도 자신에게는 공부보다 더 가치 있는 무엇인가가 있고, '공부를 많이 하고 안 하고 ' 가 자신의 가치를 결정짓는 것은 아니라는 생각을 가지고 있는 사람은 그러한 학벌과 학식에 자유 할 수 있게 되고, 비로소 자존감이 높은 사람이 될 수 있다.

돈이 별로 없는 사람은 돈이 무지하게 많은 사람들 앞에서 기가 죽을 수 있다. 하지만 돈의 유무가 자신의 가치를 결정짓는 것이 아니라는 생각을 할 수 있어야 한다. 돈은 있다가도 없고 없다가도 있는, 말 그대로 돌고 도는 것이지 않은가? 돈에 대해 연연해하지 않고 자유 할 수 있는 마음이 있다면 기가 죽지 않고 당당할 수 있는 것이다.

　권력에 대해서도, 인맥에 대해서도, 성공과 실패에 대해서도, 말을 잘 하고 못 하는 것에 대해서도, 인기가 '있고 없고'에 대해서도, 우리가 자유 할 수 있는 마음이 있을 때, 우리는 기죽지 않고 당당하게 어깨를 펼 수 있는 것이다.

　우리는 우리 자체로 소중하고 존엄한 존재이다. 그것을 믿을 때 우리는 누구 앞에서라도 기죽지 않을 수 있고 당당할 수 있다. 그리고 40년이란 인생을 살아온 당신은 충분히 그렇게 할 자격이 있다.

　기죽지 말고 어깨를 쫙 펴야 하는 또 다른 이유가 있다. 그것은 우리가 우리 자신을 신뢰할 때 보다 나은 미래를 소망하고 기대할 수 있다. 그런데 기가 죽은 사람은 자신을 좀처럼 신뢰하기가 힘들기 때문이다.

인생의 후반전을 가슴 뛰게 살기 위해서, 그리고 성공적이고
행복한 삶을 살기 위해서 필요한 것 중에 하나가 자신감이라고
할 수 있다. 그런데 기가 죽은 사람은 항상 움츠러들기 때문에
자신감을 좀처럼 회복하기 힘들다. 그렇기 때문에 우리가 잘 살
아가기 위해 필요한 것은 기죽지 않는 것이다.

독일을 대표하는 철학자 쇼펜하우어의 글모음인 [희망에 대
하여] 라는 책에 보면, 자신을 신뢰하는 것, 용기를 가지는 것,
자신감을 잃어버리지 말라고 그가 말하는 것을 알 수 있다.

" 희망은 마치 독수리의 눈빛과 같다. 항상 닿을 수 없을 정도
로 아득히 먼 곳만 바라보고 있기 때문이다. 진정한 희망이란
바로 나를 신뢰하는 것이다. 행운은 거울 속의 나를 바라볼 수
있을 만큼 용기가 있는 사람을 따른다. 자신감을 잃어버리지 마
라. 자신을 존중할 줄 아는 사람만이 다른 사람을 존중할 수 있
다."

우리가 우리 자신을 신뢰해야 하는 이유가 바로 이것이다. 자
신을 존중하고 자신을 신뢰할 수 있어야 한다. 그리고 그런 사

람은 절대로 기죽지 않는 사람이다. 자신을 존중하고 신뢰하기 때문이다.

가슴 뛰는 인생 후반전을 위해 50. 자기 충족 예언은 인생이란 펌프의 마중물이다.

사회학자 로버트 머튼은 자존심이 강한 사람들은 '자기 충족 예언(self-fulfilling prophecy)'을 하고, 자신의 예언과 기대를 실현할 정도로 긍정적으로 도전하고, 적극적으로 성취해 나간다고 말했다.

위대한 위인들은 알게 모르게 이러한 '자기 충족 예언'을 했다는 점을 우리는 역사를 통해 발견할 수 있다. 이순신 장군의 경우에도 이러한 '자기 충족 예언'을 한 적이 있다.

" 원하옵건대 한 번 죽을 것을 기약하고 곧 범의 굴을 바로 두들겨 요망한 적을 소탕하여 나라의 수치를 만분의 일이라도 씻

으려 하는 바, 성공하고 실패하고 잘되고 못되는 것은 신이 미리 생각할 수 없는 바입니다." < 출처: 박종평, [그는 어떻게 이순신이 되었나], 스타북스, 42 >

자신이 죽음을 각오하고 반드시 왜군을 소탕하여 나라의 굴욕을 갚겠다고 그는 예언했다. 그리고 그 예언대로 그는 일본 해군을 전멸시켰다. 일본 해군의 전멸로 일본 육군은 고립이 된 상태가 되어 조선은 임진왜란의 아픔과 시련에서 벗어날 수 있게 되었던 것이다.

현대에 와서 부자가 되는 사람들을 살펴봐도, 필자의 경우를 봐도 자기충족 예언을 한 사람이 정말로 부자가 되고, 성공을 하는 것을 알 수 있다. 일본의 성공학자이자 [돈과 인생의 비밀]이란 책의 저자이기도 한 혼다 켄은 우리가 마음으로 생각하는 만큼 우리는 성공할 수 있다고 말한다.

즉 마음으로부터 '나는 성공할 것이다. 나는 부자가 될 것이다. 나는 최고의 배우가 될 것이다. 나는 최고의 축구 선수가 될 것이다.' 라는 생각을 한 번도 하지 않은 사람들은 절대로 그런 사람이 될 수 없다. 그리고 이것이 의미하는 것은 마음으로부터 이러한 생각을 확고하게 자주 한 사람일수록 실제로 그런 사람이 된다는 것이다.

부자가 된 사람들은 전부 '나는 반드시 부자가 되고야 말 것이다.' 라고 결단을 한 사람들이고, 위대한 성공을 이룬 사람들은 모두 '나는 반드시 위대한 성공을 하고야 말 것이다.' 라고 결단을 한 사람들임을 우리는 알아야 한다.

인생의 절반을 살아가고 있는 40대인 우리들은 반드시 결단해야 한다. 무엇이 될 것인지, 어떤 사람이 될 것인지, 어떤 목표에 남은 인생을 모두 걸 것인지를 결단해야 한다. 그리고 그것을 자신의 자성예언으로 만들어야 한다. 그것은 반드시 이루어질 수밖에 없다.

40대 중년에게 필요한 마음의 자세 중에서도 가장 중요한 것은 자기 자신의 눈부신 미래에 대한 확신과 기대이다. 그러한 확신과 기대는 자신을 춤추게 하고 열정을 가지게 하고 활기차게 오늘을 살아갈 수 있게 해 준다. 그리고 그러한 확신과 기대는 실제로 눈부신 미래를 맞이할 수 있게 해 준다.

미국의 유명한 테니스 선수이자 전 세계 랭킹 1위였던 지미 코너스Jimmy Connors는 성공을 기대하고 확신할 때는 경기에서 승리를 했지만, 실패할지도 모른다는 생각을 하거나 자신의 능력에 대해 의심이 들 때는 경기에서 승리하지 못 했다고 인터뷰를 한 적이 있다. 그는 1974년 7월 29일부터 1977년 8월 29일 까지 160주 연속 세계 1위를 지킬 정도로 막강한 실력의 소유자였다.

자기 충족 예언의 대가는 따로 있다. 바로 한국의 축구를 월드컵 4강에 올려놓은 거스 히딩크 감독이다. 그가 매스컴과 인터뷰를 한 내용을 보면 축구 대표팀의 실력이 그렇게 좋지 못 했을 때, 평가전에서 계속 패하고 고전을 면치 못 했을 때 조차도 그는 한국 축구 대표팀이 월드컵 때 세계를 놀라게 해 줄 것이라고 예언을 했던 것이다.

그의 그러한 예언은 결국 그의 생각대로 되었던 것이다. 그가 2002년 4월 9일 기자회견에서 한 말을 살펴보자.

" 앞으로 16강 진출 가능성을 매일 1%씩 높여 나갈 것이다. 6월초 우리 팀의 모든 힘이 폭발하게 될 것이다."

그는 월드컵 개막 D-30일 되는 2002년 5월 1일 기자회견에서도 상당한 확신과 기대를 가지고 있었다. 그리고 그 기대는 결국 4강이라는 결과를 가져와 그의 말대로 세계를 놀라게 해 주었다.

"선수들이 상당한 수준에 도달했다. 자신감을 갖고 훈련하면 월드컵 때 세계를 놀라게 할 것이다."

만약에 거스 히딩크 감독이 자기 충족 예언을 하지 않았다면 우리는 절대로 2002년 월드컵에서 4강이라는 어마어마한 성과를 이룩하지 못 했을 지도 모른다. 이처럼 자기 충족 예언을 사실상 매우 강력한 위력을 발휘한다.

40년 이상을 살아 낸 당신에게 가장 필요한 것은 '나는 반드시 성공할 것이다.' 라는 강력하고 확고한 자기 충족 예언일 것이다. 그러므로 이제부터 반드시 한 가지 긍정적이고 희망적인 생각을 해 보자.

'나는 행복한 인생을 살아가게 될 것이다.'
'나는 위대한 인생을 살아가게 될 것이다.'
'나는 눈부신 인생을 살아가게 될 것이다.'
'나는 훌륭한 인생을 살아가게 될 것이다.'
'나는 성공한 인생을 살아가게 될 것이다.'

우리가 이렇게 자기 충족 예언을 하게 되면 좋은 이유 중에 하나로 이 세상이 너무 우리가 상대하기에 크고 힘겹고 어렵고 진지하기 때문이다. 자기충족 예언은 다른 말로 하면 우리 자신에게 스스로 강력한 힘과 에너지를 불어 넣어 주는 것과 마찬가지의 효과가 있다.

아무리 좋은 자동차라도 휘발유나 경유가 바닥 나 있다면 단 1 m도 전진할 수 없다. 연료가 있어야만 전진할 수 있다. 그러한 연료가 많을수록 멀리 갈 수 있다. 이것처럼 자기 충족 예언은 다른 말로 인생의 연료와 같은 것이다. 확고한 자기충족 예언이 많을수록 우리는 더 멀리 갈 수 있고, 더 높게 갈 수 있다.

이 세상은 사실 우리가 원하는 대로 움직여 주지 않는 다. 세상은 공평하지도 않고, 오래 기다려주지도 않고, 우리에게 협조적이지도 않다. 그렇기 때문에 우리는 우리 자신을 더욱 더 강력하고 협조적이고 긍정적이고 활기차게 만들어야 하는 것이다. 그렇게 하기 위해 필요한 것이 바로 자기 충족 예언인 것이다.

사우스웨스트 항공의 전 CEO 허브 캘러허는 다음과 같은 말을 했다. ' 인생은 너무 짧고, 너무 진지하고, 너무 힘들기 때문에 반드시 유머가 필요하다.' 하지만 유머만으로는 기다려주지 않고, 너무 진지하고, 너무 힘든 세상을 적극적으로 살아갈 수는 없다.

유머는 최소한의 방어와 같은 것이다.

 가장 중요한 것은 세상이 힘들고 진지하고 어렵고 빡빡할수록 공격적으로 살아가야 한다. 공격이 최상의 방어라는 말을 우리들은 모두 잘 알고 있다. 이 말은 축구나 스포츠에서만 통하는 얘기가 아니다. 인생에서도 그대로 통하는 얘기이다. 인생을 살아가면서 할 수 있는 최상의 공격은 자기 충족 예언이다. '나는 반드시 부자가 될 것이다.' 라는 자기 충족 예언은 거대하고 빡빡하고 비협조적인 세상을 향해 당당하게 선전 포고 하는 것과 진배없다. 그렇기 때문에 이렇게 선전 포고할 수 있는 용기 있는 인간에게 이 세상은 닫힌 문을 열어주고 없던 길도 만들어 펼쳐 준다.

 순수한 우리말 중에 매우 아름다운 말 중에 하나가 '마중물' 이라는 말이다. 바싹 말라 있는 상태에서는 아무리 펌프질을 해도 물이 나오지 않는 다. 지금 까지 40년을 우리는 이렇게 살았을 지도 모른다. 한다고 하지만, 열심히 했지만, 죽으라고 했지만 성공의 물은 절대 나오지 않았을 지도 모른다. 그 이유가 바로 한 바가지의 마중물이 우리의 인생에서 없었기 때문이라고 생각한다.

 한 바가지의 마중물로 엄청나게 많은 물이 나오게 할 수 있는 것이다. 그것이 마중물의 기능이고 역할이다. 우리 인생의 마중물은 바로 한 마디의 '자기 충족 예언' 인 것이다. 한 마디의 '자기

충족 예언'을 우리 인생이라는 펌프에 넣고, 펌프질을 하면, 엄청
난 양의 성공이란 물을 끌어 올릴 수 있게 되는 것이다.

 이러한 마중물과 같은 '자기 충족 예언'을 하지 않고, 무작정
열심히 펌프질만 하게 되면 아무리 열심히 해도 절대로 물이 나오
지 않는다. 우리가 40년 동안 열심히 일했지만, 죽으라고 일했지
만, 눈물 나게 일했지만 부자도 성공도 되지 못 하고 하지 못 한 것
은 마중물을 붓지 않았기 때문이다.

 결론은 이것이다.

 당신이 아무리 열심히 일했음에도 성공하지 못 하고 큰 부자가 되
지 못 한 단 한 가지 이유는 당신의 인생에 '마중물'이 결여 되
어 있었기 때문이다. 그리고 당신의 인생의 한 바가지 마중물은 바
로 한 마디의 '자기 충족 예언'인 것이다. 당신의 삶에 마중물을
부어야 한다. 그리고 그것은 당신 스스로에게 '당신은 반드시 성
공할 수 있는 사람'이라는 '자기 충족 예언'을 하는 것이다.

에필로그_ 눈부신 인생 후반을 위하여.

" 꽃봉오리가 열리고 보잘것없는 것으로부터 위대한 것이 태어
나는 인생의 정점에서, 하나는 둘이 된다. 늘 우리의 내부에 존재
하지만 보이지 않았던 이 위대한 모습은 대각성을 촉구하며 지금
까지의 내게 정면으로 맞서 떨쳐 일어난다."

- 카를 구스타프 융 -

이제 우리는 보잘것없는 것으로부터 위대한 것이 태어날 수 있
는 인생의 정점인 40대를 살아가고 있다. 그리고 우리 내부에 존
재해 왔지만, 그동안 미처 발견하지 못했던 위대한 자아를 이제는
발견해야 할 시기를 맞이했다.

이제 인생의 정점에서 우리가 해야 할 일은 위대한 인생 후반기
를 위한 50년 인생 계획표를 작성하는 것이다. 그러한 행동을 통
해 우리는 진정한 인생을 시작할 수 있다. 다른 사람이 시키는 일
이나 하는 그런 인생을 버릴 수 있다. 온통 타인의 지문밖에 없는
내 인생을 버릴 수 있다. 이제는 내 지문만으로 가득 찬 눈부신 인
생을 살아 볼 수 있다.

이것이 40대가 누릴 수 있는 가장 큰 특권이다. 특권에는 언제나

책임이 뒤따른다. 하지만 특권은 엄청난 혜택을 우리에게 제공한다. 20대나 30대들이 도저히 가질 수 없는 인생의 내공이다. 그것은 40대들에게 엄청난 위력을 발휘할 수 있게 해 주고, 새로운 눈부신 인생을 시작할 수 있게 해 준다.

오늘은 어제와 다르며, 40대의 삶은 30대의 삶과 다르다. 그렇기 때문에 우리는 새로운 삶을 위한 변화를 시도해야 한다. 정체된 삶은 죽은 삶이기 때문이다. 변혁의 시대에 어제와 같은 삶을 산다는 것은 불타는 갑판 위에서 그대로 죽음을 기다린다는 것을 의미할 뿐이다. 생존이 가능한 삶은 그곳에서 뛰어내리는 길 뿐이듯, 변혁의 시대에 생존하기 위해서는 새로운 삶으로 변화를 추구하며 뛰어내려야 한다.

40대, 우리는 우리 자신을 혁명할 수 있다. 그것이 40대가 하지 않으면 안 될 최고의 것이다. 변화와 혁명은 더 이상 타인의 지문이 가득 한 타인의 삶으로부터 뛰어내리는 것이다. 우리는 우리 자신이 되어야 한다. 그것이 생존하고 성공하고 번영하는 가장 확실한 길이다.

우리는 눈부신 인생의 후반전을 위해 지금 이 순간, 즉 40대를 살아야 한다. 우리에게 필요한 것은 인생 후반기를 준비하는 마음과 실천이다. 제대로 된 준비를 위해서는 과거에서 뛰어내려야 하고 결별을 선언해야 한다. 과거의 삶과 과거의 생각과 과거의 습관에서 완전하게 벗어나야 한다.

우리의 뜨거운 40대의 하루하루는 모두 도약과 성장을 위한 귀중한 시간이다. 그 시간을 누군가는 따분하고 지루하게 어제와 다를 바 없는 오늘을 살아간다. 하지만 누군가는 가슴 뛰고 설레는 마음으로 뜨겁게 살아간다.

당신은 어떤 삶을 선택할 것인가? 성공적인 삶, 행복한 삶이라고 해서 결과가 좋아야만 하는 것은 아니다. 결과는 아무도 알 수 없다. 중요한 것은 하루하루의 삶이 성공적이고 행복하다면 그 인생은 멋진 인생일 것이다. 문제는 하루하루의 삶을 낭비하고 방황하고 절망하며 무미건조하게 살아가는 사람일수록 성공적이지도, 행복하지도 않다는 점이다.

활기차게 눈부신 하루하루를 살아가는 사람들은 도전하고, 열정적으로 살아가는 사람들이다. 그런 사람들은 항상 어제와 다른 자신을 창조하기 위해 노력하는 창의적인 사람들이며 어제와 다른 내일을 살기 위해 씨앗을 심는 사람들이다.

눈부시고 빛나는 인생을 산다는 것은 20대의 전유물이 아니다. 40대들은 진정 눈부시고 빛나는 인생을 살아가야 한다. 그리고 그것은 누구나 가능한 일이다. 눈부신 인생을 산다는 것은 열광하며 전율하며 무엇인가에 도전하며 성장하며 살아간다는 것이다. 그것이 없다면 인생은 아무것도 아닐 것이다.

언제나 그렇듯 가장 큰 방해물은 우리 자신이다. 우리 자신의 생각이며 잘못된 선택이다. 그러므로 그러한 과거와 익숙한 것들과 결별을 선언해야 한다. 그리고 지금 이 순간을 살아야 한다. 오늘 눈부신 하루를 살아갈 수 있다면 눈부신 인생을 살아갈 수 있다.

눈부신 인생 후반을 살아가기 위해서 무엇보다 자기 자신을 되찾아야 한다. 그것이 가장 중요하다. 가장 행복하고 눈부신 인생은 자신의 삶을 자기 자신이 되찾아 그 삶을 살아가는 것이다.

" 어떤 개인이라도 자신의 삶을 선택하는 것이 아니라 다른 어떤 것의 삶을 선택한다면, 사리에 맞지 않을 뿐만 아니라 행복할 수도 없을 것 " 이라고 고대의 철학자 아리스토텔레스는 자신의 저서인 [니코마코스 윤리학(Nicomachean Ethics)]에서 밝힌 바 있다.

40대의 중년은 반드시 자기 자신의 삶을 되찾아야 한다. 그것이 행복한 삶이며 성공적인 삶이기 때문이다. 그것뿐이다. 가장 큰 인생의 낭비는 다른 사람의 삶을 살기 위해 자신에게 한정된 주어진 아까운 시간을 낭비하는 것이다.

위대한 철학자 플라톤은 말했다. '시작이 반이다.' 라고! 자 이제 가슴 뛰는 눈부신 인생 후반전을 위해 시작해 보자. 결단하고, 도전해 보자. 사유의 경계를 넓혀보자.

삶의 온도를 높여 보자. 그리고 무엇보다 세상이 당신에게 할 수 없다고 말하는 바로 그것을 해 보자. 그리고 좀 더 많은 실패와 시행착오를 경험해 보자. 실패를 다른 시각에서 바라보자.

" 삶을 변화시키려면 지금 당장 시작하라.
 이유나 변명을 달지 말고 정열적으로 삶을 살아라."

윌리엄 제임스의 이 말을 우리는 늘 되새겨야 할 것이다. 행운을 빈다.

판권

초판 인쇄: 2025년 11월 30일
초판 발행: 2025년 11월 30일

만든이: 김병완
발행인: 플랫폼연구소

출판등록: 제 2020-000075호

이메일: pflab2020@naver.com

주소:서울시 강남구 삼성동 116 백우빌딩 402호

ISBN 979-11-24195-09-3(03190)